AF502768

VIE

DU

P. J. RIGOLEUC;

SUIVIE

DE SES LETTRES SPIRITUELLES.

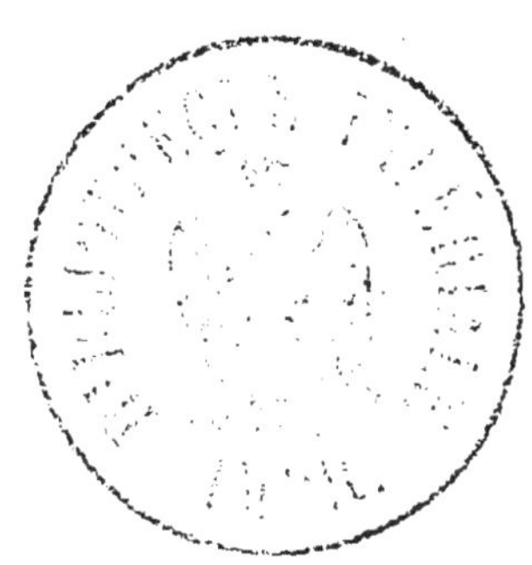

Clichy. — Impr. Maurice Loignon, et Cie, rue du Bac-d'Asnières, 12.

VIE

DU

P. J. RIGOLEUC,

DE LA COMPAGNIE DE JESUS;

SUIVIE

DE SES LETTRES SPIRITUELLES.

Nouvelle Édition.

LIBRAIRIE JACQUES LECOFFRE
LECOFFRE FILS ET Cⁱᵉ, SUCCESSEURS
PARIS | LYON
90, RUE BONAPARTE, 90 | ANCIENE MAISON PERISSE

1868

LA VIE

DU

P. JEAN RIGOLEUC,

DE LA COMPAGNIE DE JÉSUS.

CHAPITRE PREMIER.

Sa naissance et ses études.

Son pays, sa naissance.

Le P. Jean Rigoleuc naquit à Quintin, petite vile du diocèse de Saint-Brieuc, en Bretagne, le 24e jour de décembre, l'an 1595. Son père se nommait Jean Rigoleuc, et sa mère, Guillemette le Tano, tous les deux d'honnête famille.

Ses talents naturels.

Dieu lui donna des talents et des inclinations conformes aux desseins qu'il avait sur lui : un esprit solide et ardent, extrêmement exact et fort docile, un cœur généreux et porté à la piété, beaucoup d'affection pour l'étude, et un génie rare pour l'éloquence.

1

Ses premières dévotions.

Il aima la sainte Vierge dès sa plus tendre jeunesse, et il voulut se dévouer à son service dans les principales associations qui sont établies en son honneur, dans la confrérie du rosaire, dans celle du scapulaire, et dans la congrégation du collége des Rennes.

Ses études, et ses exercices de vertu pendant ce temps-là.

Pendant qu'il y fit ses études, il avait tout son temps et tous ses exercices réglés. Il faisait l'oraison mentale. Sa vie était fort retirée, et il ne conversait qu'avec des personnes dévotes et d'une vertu reconnue.

Ses succès dans les lettres répondaient à sa piété. Tous les écoliers le regardaient comme leur modèle, et il s'était acquis parmi eux tant d'estime, que ceux qui se sentaient appelés à la religion, s'adressaient à lui pour être conduits par ses avis dans l'exécution de leurs desseins.

Lorsqu'il retournait à Quintin au temps des vacances, il faisait dresser un oratoire chez un jeune homme de ses amis, où assemblant quelquefois les jours de fêtes la jeunesse de la ville, il leur faisait des exhortations, des lectures, et des instructions, comme l'on fait dans les congrégations de Notre-Dame. Cette nouveauté attirait beaucoup de personnes. On quittait le jeu, la danse et les autres divertissements pour assister à ces pieuses assemblées. Il leur parlait du mépris du monde, de l'amour de Dieu, du solide contentement que l'on goûte dans son service, de la fréquentation des sacrements, et des plus saints exercices de la piété chrétienne, leur inspirant les sentiments de son cœur avec tant de ferveur, que tous en étaient touchés. Comme son zèle s'étendait à toutes sortes de personnes, plusieurs filles, excitées par ses saints discours, entrèrent en religion, et d'autres, demeurant dans le monde sans être du monde, se consacrèrent à Jésus-Christ par le vœu de chasteté, qu'elles ont gardé avec beaucoup d'édification jusqu'à la mort.

Il s'appliquait particulièrement à instruire ce jeune homme chez qui se faisaient ses assemblées ; et comme il avait reconnu en lui de fort bonnes inclinations, il prenait plaisir à lui enseigner la pratique de l'oraison et de la mortification. Quelquefois, pour l'éprouver, il lui faisait de petits présents de fruits, ou de quelques douceurs ; et voyant qu'il s'en abstenait pour l'amour de Dieu, il louait son abstinence, et lui en montrait le mérite. C'est ainsi qu'il commençait dès lors à conduire les âmes à la perfection.

On peut juger combien il y était lui-même avancé dès ce temps-là, par un mot qui lui échappa un jour dans un voyage qu'il fit à Quintin, quelques années avant sa mort. Étant dans une chambre de la maison paternelle avec trois de ses nièces, et les exhortant à se donner tout à Dieu, pour les toucher par son exemple, il leur dit dans la ferveur de son discours : « Pour moi, mes nièces, lorsque je demeurais autrefois ici pendant ma jeunesse, je crois avoir plus aimé Notre-Seigneur dans cette chambre, que jamais personne n'a aimé d'un amour humain aucune créature. » Parole bien remarquable dans la bouche d'un homme aussi sage et aussi réservé à parler de soi qu'il l'était.

CHAPITRE II.

*Sa vocation, et ses premières années dans la
Compagnie de Jésus.*

Sa vocation à la Compagnie de Jésus.

Ayant connu que Dieu l'appelait à la Compagnie de Jésus, il conçut en même temps une très-haute idée de cette vocation apostolique, qu'il a toujours depuis regardée comme la cause de son bonheur ; et il en poursuivit l'exécution avec une ferveur extraordinaire. Mais, après qu'il eut été reçu, Dieu permit, pour éprouver sa constance, que l'ardeur de ses désirs se refroidît tout à coup ; de sorte qu'allant au noviciat, il lui semblait aller à la mort.

Son entrée dans la Compagnie.

Il y entra cependant généreusement, à Rouen, le 2 novembre l'an 1617, à l'âge de 22 ans ; et durant l'espace de quinze jours, il fut tourmenté d'une soif si ardente, qu'il lui semblait que toute l'eau de la Seine n'aurait pas été capable de l'étancher. Il crut que c'était une espèce de purgatoire que Dieu lui faisait souffrir pour punir les vaines satisfactions qu'il avait recherchées dans le monde, et pour l'en dégoûter.

Ce fut en ce même temps que Dieu lui fit voir en esprit l'état où se trouverait son âme s'il lui fallait paraître devant son tribunal pour y être jugée. Vision terrible, dont l'impression fut si vive qu'elle lui dura toute la vie. C'est ce qui lui donnait de si grandes et de si pénétrantes lumièrés sur l'état des âmes séparées du corps, et sur la rigueur des jugements de Dieu, que les cœurs les plus durs étaient touchés de l'entendre sur ce sujet, dont il parlait sans cesse, non-seulement au peuple dans les missions, mais encore aux religieux et aux communautés les mieux réglées, dans les exhortations qu'il leur faisait.

Sa régence, et sa capacité dans les humanités.

Après son noviciat, il fut employé à enseigner les humanités. Il s'y rendit si capable, que selon le P. Gab. Cossart, les mieux versés en la connaissance de la langue latine préféraient ses compositions à celles du fameux père Petau, soit pour le tour d'éloquence, soit pour le coloris du style.

Il s'appliquait à sa classe avec tant de soin, qu'étant depuis au second noviciat, que nous avons accoutumé de faire avant nos derniers vœux, il reconnut que ses deux plus grands défauts pendant sa régence, avaient été trop d'empressement pour faire profiter ses écoliers, et une vanité secrète à vouloir bien que l'on reconnût leur avancement.

Sa ferveur pendant qu'il régente, et qu'il étudie en théologie.

Sa ferveur pour l'étude des sciences ne diminuait cependant rien de celle qu'il avait pour son progrès dans la vertu. Il était extrêmement recueilli, et fort exact à garder ses règles et à s'acquitter de ses exercices spirituels et de tous ses devoirs.

Dans toutes ses communions, il avait accoutumé de faire quelque offrande particulière à Notre-Seigneur, et de lui demander aussi quelque grâce particulière. Ainsi je trouve dans ses écrits, qu'étudiant en théologie, il s'offrait tantôt à supporter volontiers la peine qu'il y a dans la conduite des pensionnaires pour les faire profiter dans l'étude et dans la piété : tantôt à souffrir la confusion qui lui pouvait arriver de ne pas bien répondre dans ses examens de théologie, si Dieu le permettait ainsi ; tantôt à perdre la santé, ou même la vie dans le travail des classes, si c'était la volonté de Dieu. De cette manière, sacrifiant sans cesse dans chaque communion les choses les plus difficiles, et pour lesquelles il avait le plus de répugnance, il remportait sur lui-même de continuelles victoires par l'usage de la sainte Eucharistie, et par les fréquentes visites qu'il lui rendait. Il confessa un jour à un de ses plus intimes amis, Le P. Vinc. Huby, que pendant qu'il étudiait en théologie à la Flèche, Notre-Seigneur lui donna sensiblement dans trois communions qu'il fit par trois jours consécutifs, les vertus infuses avec une fort grande facilité pour les pratiquer.

CHAPITRE III.

Son second noviciat, et ses emplois après sa Profession.

L'idée de perfection qu'il s'y proposa.

Voilà tout ce que j'ai pu découvrir de sa vie jusqu'à son second noviciat, qu'il fit à Rouen à la 35ᵉ année de son âge. Cette sorte de noviciat qui est particulière à notre Compagnie, et qui, selon le dessein de saint Ignace, doit être une école de sainteté pour ses enfants, le fut en effet pour le P. Rigoleuc.

Il eut le bonheur d'y rencontrer pour directeur le P. Louis Lallemant, l'un des plus grands hommes et des plus éclairés que nous ayons eus en France. Cet excellent maître a eu quantité de disciples d'un mérite extraordinaire ; mais je puis dire, selon le peu de lumières que j'ai, que les deux qui me semblent avoir le mieux pris son esprit, sont le P. Jean Joseph Seurin, si célèbre par ses admirables ouvrages, et le P. Jean Rigoleuc, dont j'écris la vie.

Le P. Lallemant, pour exciter ses novices à faire un bon usage de leur année de retraite, leur disait qu'il arrive d'ordinaire à la plupart des Saints et aux religieux qui se rendent parfaits, deux sortes de conversions : l'une, par laquelle Dieu les appelle à son service ; l'autre, par laquelle il les attire à la perfection de son service. Ce qu'il faisait remarquer dans les apôtres, dans sainte Thérèse, dans le P. Balthazar Alvarez, et en beaucoup d'autres. Il ajoutait que pour ce qui est des religieux, la seconde conversion n'arrive qu'à fort peu, la plus grande partie s'en rendant indignes par leur négligence et leur lâcheté ; et que pour ce qui regarde les jésuites, le temps de cette conversion est communément la troisième année du noviciat.

C'est à quoi il les exhortait sans cesse, les portant à s'abandonner entièrement à la conduite du Saint-Esprit. C'était là sa grande maxime, et presque tous ses entretiens ne tendaient qu'à leur expliquer en quoi consiste cette conduite, et à leur en montrer les avantages d'une manière qui les attirât à la suivre. Pour les y établir solidement, il leur recommandait surtout trois

choses sans lesquelles on ne peut être dans la
disposition nécessaire pour être conduit par le
Saint-Esprit. La première, le mépris d'eux- mêmes et l'amour de l'abjection. La deuxième,
la pureté de cœur et une continuelle attention
pour s'y conserver. La troisième, l'esprit de recueillement et d'oraison. Que sans cela l'on ne
pourrait vivre parfaitement content dans la religion, ni rendre aux âmes des services considérables, Dieu n'ayant coutume d'employer pour
l'exécution des grands desseins qui regardent sa
gloire, que des ministres qui excellent en ces
trois vertus. Il leur conseillait d'y joindre trois
dévotions particulières, celle de Notre-Seigneur
au mépris d'eux-mêmes, celle de la sainte Vierge
à la pureté de cœur, et celle de saint Joseph au
recueillement intérieur ; et de se proposer pour
modèle d'humilité le Verbe incarné, entrant souvent dans son sacré Cœur pour y apprendre à
s'humilier; pour modèle de pureté, la Mère de
Dieu, se mettant sous sa protection pour obtenir par son entremise le précieux don de cette
vertu angélique ; pour modèle de recueillement,
saint Joseph, le prenant pour maître et directeur, dans l'espérance d'être introduits par sa faveur dans les secrètes communications de la vie
intérieure.

Le P. Rigoleuc reçut cette doctrine avec une
humble docilité, se persuadant que c'était sur ce
fonds qu'il devait tracer le plan de la perfection
que Dieu demandait de lui. Il lui semblait que les
exhortations du Père directeur n'étaient qu'une
explication de ce que le Saint-Esprit lui disait
au fond du cœur, que l'heure de sa parfaite
conversion était venue, qu'il ne fallait plus différer de se donner tout à Dieu, de se résigner

une bonne fois à sa providence, et de faire entre ses mains une démission entière de lui-même
avec une parfaite indifférence pour toutes choses et une généreuse disposition d'esprit à toutes ses adorables volontés ; qu'il ne serait jamais
capable d'exécuter les grands desseins de Dieu,
ni de s'acquitter dignement des devoirs de sa vocation , et qu'il ne jouirait jamais d'un solide
contentement en cette vie s'il ne s'abandonnait
à la conduite du Saint-Esprit ; que cette conduite devait être soutenue d'une grande oraison;
qu'il ne deviendrait jamais homme d'oraison
sans un grand recueillement et une grande pureté de cœur ; qu'il n'aurait jamais ce recueillement ni cette pureté de cœur, s'il n'était tout-
à-fait dégagé de ses intérêts propres, et de l'affection de toutes les choses de la terre, et particulièrement de sa propre estime.

Il voyait cela clairement dans la lumière de la
grâce. Cette idée de perfection le charmait , et
il se sentait porté à la remplir à quelque prix
que ce fût. Mais ses résolutions ne laissaient pas
d'être combattues par de puissantes attaques.
Voici celles qu'il a marquées. Son humeur
prompte et colère lui faisait de la peine. Sa mélancolie lui resserrait le cœur, et le jetait dans
le chagrin et l'abattement lorsqu'il n'avait pu se
vaincre en quelque chose, ce qui lui arrivait
encore souvent en ce temps-là. Son inclination
naturelle le portait au repos d'une vie douce,
et lui donnait de l'aversion pour le travail. Mais
surtout le désir de paraître et l'horreur du mépris le touchaient sensiblement , et cette dernière attaque était la plus rude et la plus dangereuse. C'était celle qui s'opposait le plus à cet
abandon de lui-même que Dieu lui inspirait.

1*

Pour vaincre ses répugnances, il se servit de toutes les plus fortes considérations que la raison
et la foi nous peuvent suggérer. Voici quelques-
uns de ses sentiments sur ce sujet, de la manière
qu'il les écrivit faisant les exercices de saint
Ignace pendant le premier mois de sa retraite.

« Sera-t-il dit à toute éternité que tu n'aies
jamais pu te surmonter une bonne fois, et te
donner pleinement à Dieu ? Il y a si longtemps
qu'il t'en inspire le dessein, et qu'il t'en présente
la grâce sans que tu te sois encore rendu à ses amoureuses poursuites ! Peut-être que c'est ici la dernière, et que tu n'auras plus une pareille occasion de lui témoigner ton zèle pour sa gloire et
le désir que tu as de ta perfection. Le temps est
court.

« Les saints martyrs avaient bien d'autres
difficultés à vaincre et de plus rudes combats à
soutenir. Ils s'y offraient néanmoins, et rien
n'était capable de les arrêter.

« A quelle fortune prétends-tu dans le monde,
étant comme tu es, à la suite de Jésus-Christ
crucifié ? As-tu honte de lui appartenir et de
porter ses livrées ? Et comment oseras-tu paraître devant lui si tu as eu horreur de sa croix ?

« Mais à quoi peut aboutir tout ce qui serait
capable de t'élever aux yeux des hommes, et
de t'acquérir une vaine estime dans leur esprit,
sinon à te causer un jour une véritable confusion ?

« Crains-tu que Dieu t'abandonne quand tu
te seras une fois abandonné entre ses mains, et
résigné au mépris des hommes pour sa plus
grande gloire ?

« Sais-tu quel trésor de grâces tu perds, faute
de faire ce sacrifice ?

« Tiens pour certain qu'après celui de l'autel, tu n'en peux faire un plus glorieux à Dieu qu'en te dépouillant entièrement de toi-même pour l'amour de lui, abattant ces idoles d'amour-propre et de propre estime; t'abandonnant sans réserve à la disposition des Supérieurs, t'affermissant dans une indifférence générale pour toutes sortes d'emplois et de lieux, et t'immolant à toute sorte de mépris.

« Souviens-toi de ce que disait l'humble Ximenès, qu'il ne faut que dégager une bonne fois son cœur, et le résigner entièrement à Dieu; qu'ensuite l'on recevra de sa main libérale tant de biens; que l'on ne saura, pour ainsi dire, où les mettre. Ce bon frère ajoutait qu'avant qu'il eût fait cette totale démission de lui-même entre les mains de Dieu et de ses Supérieurs, il ne s'était jamais trouvé dans une disposition d'esprit qui le satisfît; mais que depuis qu'il avait franchi ce pas, il vivait le plus content du monde, et qu'il n'avait plus rien à désirer.

« C'est donc là le moyen d'arriver à la vraie paix, et tu n'en jouiras jamais tant que tu résisteras à Dieu. *Quis resistit ei, et pacem habuit?*

« Enfin, qu'as-tu perdu lorsque tu t'es humilié? N'expérimentes-tu pas tous les jours, et ne l'as-tu pas expérimenté depuis longtemps, que tu n'es jamais plus consolé que quand tu embrasses volontiers les mortifications et les humiliations qui se présentent? jamais Dieu ne te visite plus amoureusement que dans ces rencontres. »

S'étant ainsi déterminé, il fit cette généreuse résignation de lui-même entre les mains de Dieu, résolu de vivre désormais dans un entier oubli de tous ses intérêts propres et une parfaite indifférence pour tous les événements de la vie.

Toute son application pendant le reste de cette année de retraite, fut de combattre les défauts qu'il avait reconnus en lui, et de s'établir dans un grand fonds d'humilité , de paix et d'oraison.

Il dit dans son journal de ce temps-là, « que comme il s'affligeait avec excès lorsqu'il était tombé dans quelque faute, ou qu'il avait manqué à pratiquer pendant la journée les bons propos de son oraison du matin, Dieu lui fit connaître que cela venait d'un orgueil secret, et que la conduite qu'il devait tenir dans cette rencontre c'était : 1° De se supporter lui-même sans aigreur, et de rentrer en lui-même avec humilité, se confondant de n'avoir pas encore acquis les vertus opposées à ses défauts , et suppléant par cet humble aveu de sa faiblesse aux omissions du bien que sa négligence l'aurait empêché de pratiquer. 2° D'offrir à Dieu quelqu'autre action de vertu en la place de celle qu'il aurait omise. 3° De se condamner pour pénitence à souffrir volontiers la première mortification qui se présenterait , comme le froid, le chaud, une parole désobligeante, ou quelqu'autre chose semblable. »

Mais de tous les moyens dont il se servit pour surmonter les empêchements de sa perfection, la prière fut celui dont il retira le plus de fruits. « Désespérant, dit-il , de pouvoir vaincre sans un secours extraordinaire du ciel cet esprit de pusillanimité qui retarde beaucoup mon avancement , je demanderai sans cesse à Notre-Seigneur qu'il me change le cœur et qu'il m'en donne un nouveau, un cœur large , libre, et magnanime. Je visiterai sept fois le jour le saint sacrement pour obtenir cette faveur. J'aurai une dévotion particulière aux Saints à qui Notre-Seigneur à changé le cœur. J'en ferai une litanie, et je les invoquerai tous les jours. »

Dieu lui donna cette grandeur, cette latitude et cette sainte liberté de cœur qu'il demandait avec tant d'instances ; et ce furent des talents qu'il fit merveilleusement profiter en lui et dans les autres, ne recommandant rien ni plus souvent ni plus fortement aux âmes dont il prenait la conduite, que de se donner à Dieu avec cette parfaite plénitude de cœur, de ne mettre point de bornes aux desseins de Dieu, de servir Dieu avec un cœur libre et dégagé de toute sorte de soins et d'embarras.

C'est ainsi que dans le second noviciat il offrait intérieurement à Dieu le sacrifice entier de lui-même, et l'offrait de si bon cœur que Dieu l'accepta et le lui fit accomplir entièrement le reste de sa vie. En effet, un si excellent homme devait être autant distingué par les emplois, qu'il l'était par les rares talents d'esprit, de science et de vertu. Cependant, quelque mérite qu'il eût au-dessus des autres, Dieu permit qu'il fût moins considéré que les autres : par là il eut ce bonheur inestimable d'être depuis ce temps-là jusqu'à la mort, appliqué seulement aux emplois où il y a peu d'éclat selon le monde, et beaucoup de fruit selon Dieu.

Ses emplois après son second noviciat.

Il fit sa profession solennelle des quatre vœux qui sont propres à notre compagnie, à Bourges, le 17 septembre l'an 1634. Il enseigna les humanités et la rhétorique dans les plus petits colléges de la province, et la théologie morale dans celui de Vannes. Il fut Père ministre dans celui de Nevers, préfet des classes et Père spirituel en diverses maisons. Il fit des missions dans les diocèses de Vannes, d'Orléans et de Quimper.

CHAPITRE IV.

Son zèle pour l'instruction des ecclésiastiques.

Dans tous ces lieux, il s'appliqua particulièrement à instruire les prêtres dans les fonctions de leur caractère, à cultiver la jeunesse qui se destinait à l'état ecclésiastique, et à conduire les âmes qui aspiraient à la perfection chrétienne.

Il jugeait avec beaucoup de raison que ce sont ces sortes de personnes qui peuvent le plus contribuer à la gloire de Dieu. Il considérait que les prêtres sont les substituts de Jésus-Christ sur la terre, et que c'est par eux qu'il veut communiquer ses grâces ; que le salut des peuples dépend de leur ministère ; qu'ils doivent être la lumière du monde pour l'éclairer par leur doctrine et par les bons exemples de leur vie ; que la principale cause des désordres qui règnent dans l'Église, et de la perte de tant de malheureuses âmes qui tombent tous les jours dans l'enfer, est l'ignorance, la négligence et le scandale des mauvais prêtres. Toutes ces raisons jointes ensemble, la gloire de Dieu, l'intérêt de Jésus-Christ, l'honneur de l'Église, le salut des âmes, l'excitaient puissamment à s'employer de toutes ses forces à former de bons prêtres, qui par leur vertu et leur capacité pussent ser-

vir dignement les paroisses, et surtout celles de
la campagne, qui sont les plus abandonnées.
Il s'y croyait encore obligé par le devoir de sa
vocation religieuse, considérant que Dieu l'a-
vait appelé à un ordre, non de solitaires, mais
de clercs réguliers, qui par conséquent doivent
s'intéresser plus que les autres pour le service
du clergé.

**Saint Corentin lui prolonge la vie pour travailler à l'in-
struction des ecclésiastiques.**

Une faveur signalée qu'il reçut de saint Corentin, premier évêque de Quimper, et un des
apôtres de Bretagne, augmenta encore merveilleusement son zèle pour l'instruction des prêtres. Il était dangereusement malade à Quimper,
et quoiqu'il fût tout disposé à mourir, il sou-
haitait néanmoins que Dieu lui prolongeât la vie
pour travailler à l'instruction des prêtres. Il pria
saint Corentin, que si ce désir était conforme
aux desseins de Dieu, il lui fît la grâce de l'ap-
puyer de son intercession auprès de la divine
Majesté. Au même instant, il connut que ses
vœux étaient exaucés. Le Saint lui répondit intérieurement d'une voix distincte : *Allez donc,
instruisez les prêtres ;* et il se trouva bientôt
guéri. Depuis ce jour-là, il se donna tout aux
prêtres plus que jamais, jugeant qu'il ne devait
plus vivre que pour eux, puisque le ciel ne lui
avait rendu la vie qu'à cette condition.

Il disait souvent qu'il aimait mieux avoir gagné à Dieu un prêtre, que cinquante autres personnes de la première qualité. Sentiment très-
juste, mais dont la vérité ne paraîtra peut-être
pas si claire à ceux qui sont prévenus d'estime
pour le grand monde.

Ses saintes adresses pour gagner à Dieu les ecclésiastiques, et pour leur apprendre à catéchiser et à prêcher.

Il n'y avait rien qu'il ne fît pour s'attirer la
confiance des prêtres, usant pour cet effet de
tous les saints artifices de la charité. Il les pré-
venait de ses visites, et les engageait à lui en
rendre de réciproques. Il les recevait avec un
cœur ouvert, et sa manière de traiter avec
eux était accompagnée de tant de marques
d'estime et de respect pour leur caractère, d'affection et de bonté pour leur personne, et de
zèle pour leur service, qu'ils en étaient char-
més. Ils se procuraient les uns aux autres l'a-
vantage de sa connaissance. Il les assemblait
et leur faisait des conférences sur les devoirs de
leur état. Il les portait à faire des retraites pour
le moins de trois jours, pendant lesquels il s'appliquait à régler toute leur conduite. Dans les
entretiens particuliers, il sondait leurs talents et
leur capacité, pour les cultiver ensuite selon
leur portée ; et s'il remarquait en eux quelque
disposition pour parler en public, il les encou-
rageait à le faire, s'offrant à les aider. Il leur
enseignait d'abord à composer des leçons de catéchisme, et puis des prédications, leur com-
muniquant un traité de rhétorique qu'il avait
fait exprès pour les jeunes prédicateurs. Il leur
donnait la matière et le dessein de quelque petit discours, et quand ils l'avaient composé, il le
corrigeait. Quand ils l'avaient appris par cœur,
il les exerçait à le déclamer. Quand ils étaient assez exercés, il le leur faisait réciter devant le
peuple, dans quelque paroisse de la campagne
où il les menait les jours de fêtes, y allant lui-
même à pied jusqu'à deux et trois lieues.

L'adresse dont il usait pour leur ôter la timidité qui embarrasse d'ordinaire ceux qui commencent à parler en public, est remarquable. Il faisait monter en chaire le jeune prédicateur, et lui se tenait en surplis sur le marchepied de l'autel. Ils faisaient tous deux le sermon comme par forme de dialogue. Le père commençait et proposait le sujet, l'autre poursuivait. Ils parlaient ainsi alternativement, le père proposant toujours ce que l'autre devait dire, puis faisant des réflexions sur ce qu'il avait dit, et lui donnant de temps en temps des louanges pour l'animer. Ce qui rendait encore le prédicateur plus hardi, c'est qu'il était assuré que s'il venait à se trouver en peine, il n'aurait qu'à faire signe au Père, qui ne manquerait pas de prendre la parole, et de suppléer à son défaut de mémoire, sans qu'on s'en aperçût.

Son application à cultiver les jeunes gens qui se destinaient à l'état ecclésiastique.

Mais comme la prédication est un emploi qui demande de grandes préparations, le P. Rigoleuc commençait à y exercer les écoliers qui avaient dessein de se consacrer aux autels, dès leur rhétorique et leur philosophie : leur donnant à composer ou à apprendre des amplifications, des figures, des mouvements propres pour la chaire, il les leur faisait ensuite réciter les dimanches après vêpres dans les églises de la campagne, de la manière que nous venons de le dire.

Il apprend aux Bretons à prêcher en leur langue, sans la savoir lui-même.

En quoi l'industrie de son zèle paraît admirable, d'avoir trouvé le moyen d'apprendre aux

Bretons à prêcher en leur langue, qu'il ne savait pas lui-même ; leur faisant traduire en breton les compositions qu'ils avaient déclamées en français ; les leur faisant réciter devant lui et puis devant le peuple dans quelque église ; en suite d'un petit discours qu'il faisait pour ceux qui entendaient le français.

De cette manière, cet homme apostolique forma dans le diocèse de Vannes, où il demeura le plus longtemps ; un grand nombre de bons prédicateurs, de catéchistes et de confesseurs fort capables.

Les ouvrages qu'il composa pour l'instruction des prêtres.

Il composa pour les prêtres deux petits ouvrages. L'un, qui fut imprimé par l'ordre de monseigneur Sébastien de Rosmadec, évêque de Vannes, portait pour titre : *Instruction sur les principaux devoirs des confesseurs et des catéchistes, avec une conduite pour une retraite de trois jours, et des avis pour la direction des paroisses, et pour ceux qui prétendent à la prétrise.* L'autre, qui fut imprimé par l'ordre de monseigneur Charles de Rosmadec, neveu et successeur du précédent, était intitulé : *Conduite des confesseurs au fait de l'absolution.* Les Supérieurs du séminaire de Vannes les ont depuis fait imprimer tous deux ensemble sous le titre d'*Instructions ecclésiastiques sur les principaux devoirs des confesseurs et des catéchistes*, etc. Le Père en avait entrepris un troisième plus ample, où il traite de tous les devoirs des prêtres et des recteurs ; mais la mort l'empêcha de l'achever et d'y mettre la dernière main. Nous pourrons peut-être de tous les trois n'en faire qu'un, les retouchant, et suppléant ce qui manque au troisième.

Il entreprend des missions avec les prêtres qu'il avait
formés.

C'était avec le secours de ces ouvriers qu'il
avait formés, qu'il entreprenait lui seul, et sans
savoir le breton, de grandes missions dans les
paroisses les plus peuplées ; et ces missions réciproquement lui servaient pour exercer les prêtres dans leurs fonctions.

Il a parmi ses missionnaires d'excellents prédicateurs.

Comme il avait cultivé chacun de ses missionnaires selon son talent, il avait des prédicateurs
dont les uns excellaient en la manière d'instruire,
et d'expliquer nos mystères et la morale chrétienne, les autres étaient extrêmement pathéti-
ques. Nous en avons vu un, M. Lelay, recteur
de Radenay, qui ne prêchait presque jamais
qu'il ne fît pleurer ses auditeurs à diverses reprises. Quand son sujet était tendre, comme quand
il traitait de la passion de Notre-Seigneur, ou
du paradis, on se sentait le cœur attendri, et
les larmes coulaient doucement des yeux. Mais
quand il prêchait des matières terribles, tout
son auditoire tremblait, éclatait en sanglots, et
fondait en larmes. Celui d'entre les disciples du
Père qui lui succéda dans la conduite des missions, M. Hesaue, recteur de Redenac, pouvait prêcher avec applaudissements dans les meilleures villes, ayant tous les avantages qui rendent un prédicateur agréable.

Il s'emploie particulièrement à former de bons confesseurs.

Pour ce qui est des confesseurs, le P. Rigoleuc s'appliquait encore plus à leur instruction qu'à celle des prédicateurs ; et il en menait toujours avec lui dans ses missions un

bon nombre de fort expérimentés, étant convaincu que le fruit solide d'une mission dépend principalement d'eux ; que c'est dans la confession que l'ouvrage de la conversion des pécheurs s'achève, et qu'il ne leur servirait de guère d'avoir été touchés par les sermons d'un fervent prédicateur, s'ils ne rencontraient ensuite un sage confesseur qui les mît en sûreté de conscience. C'est pour cela qu'il faisait tous les jours à ses missionnaires ces conférences, et qu'il ne leur recommandait rien tant que de se rendre capables d'aider les âmes dans le tribunal de la pénitence.

Il excelle lui-même en ce saint ministère.

Il le faisait lui-même excellemment, possédant toutes les qualités requises pour cet emploi, la science, le bon sens, l'expérience, le discernement des esprits, la douceur et l'union avec Dieu. Entendant les confessions, il partageait son attention entre Dieu et son pénitent, donnant une oreille à celui-ci pour écouter les péchés dont il s'accusait, et l'autre à Dieu pour apprendre de lui ce qu'il devait dire au pénitent.

Il prêche avec une force d'esprit qui touche puissamment les cœurs.

Quoiqu'il n'eût à l'extérieur qu'un talent médiocre pour la chaire, il prêchait néanmoins avec une grande force d'esprit et une sainte gravité qui donnaient un poids merveilleux à ses paroles, de sorte qu'elles faisaient de puissantes impressions sur les cœurs.

Sa manière de prêcher par forme de dialogue, est fort utile.

Cette manière de prêcher par forme de dia-

logue , dont nous avons parlé, lui était fort ordinaire. Au commencement, il n'en usait que
pour former les jeunes prédicateurs, ou pour
leur faire expliquer en breton ce qu'il disait en
français. Mais depuis , ayant connu par expérience que cette industrie est fort propre à
rendre le peuple attentif, et à faire mieux concevoir la parole de Dieu, il s'en servit même
dans les lieux où tout le monde parlait français ; et ces sortes d'entretiens étaient également
utiles et agréables.

Ses emplois particuliers dans les missions bretonnes.—
Il introduit partout la dévotion du rosaire , celle du
scapulaire, et celle de l'adoration perpétuelle du saint
sacrement.

Dans les paroisses bretonnes où il était moins
occupé au confessionnal , ne pouvant entendre
que ceux qui parlaient français , il s'appliquait
davantage à cultiver les ecclésiastiques, à décider les cas de conscience les plus difficiles , à
gagner à Dieu les personnes dont les bons ou
les mauvais exemples sont de plus grande consé-
quence, comme les recteurs des paroisses, la
noblesse et les gens de justice ; à établir les
moyens qu'il jugeait les plus propres pour conserver le fruit de la mission, comme d'introduire
les confréries du rosaire, du scapulaire, du
saint sacrement; d'engager les prêtres à faire
exactement le catéchisme chacun dans la cha-
pelle qu'il servait ; de porter les recteurs à faire
venir deux fois l'année dans leurs paroisses des
confesseurs extraordinaires , particulièrement
pendant le mois de l'adoration perpétuelle du
saint sacrement.

Il fait un fort grand état de cette dernière.

Il avait vu naître dans le diocèse de Vannes cette sainte association, dont un de ses disciples, de notre Compagnie, Le P. Vinc. Huby, a été le fondateur; et il jugea d'abord, à la manière qu'on la pratiquait, qu'elle allait renouveler tout le diocèse. On a partagé aux paroisses les douze mois de l'année. Chaque paroisse a pris un mois, et ceux qui veulent s'associer à cette dévotion, prennent une heure de quelqu'un des jours de ce mois, pour l'employer à adorer le saint sacrement. On se confesse et l'on communie ce jour-là. Les confesseurs sont aussi assidus à l'église pendant tout le mois qu'au temps de Pâques ; et comme ils n'entendent les confessions que de ceux qui ont leur billet pour le même jour, ils les examinent et les instruisent tout à loisir selon leur besoin. Parmi ces confesseurs, on en fait toujours venir quelques-uns de dehors pour faciliter la liberté de la confession. Sur la fin du mois qui précède celui de l'adoration, les recteurs zélés assemblent les confesseurs pour traiter avec eux des moyens de remédier aux désordres de la paroisse, et pour convenir ensemble d'une conduite uniforme. On fait quelques prédications pour exciter le peuple à la faveur, et chaque dimanche, au prône, on avertit ceux qui sont marqués pour cette semaine-là de se souvenir de faire leur adoration le jour et l'heure qu'ils ont prise; et dans les paroisses qui ne sont pas trop nombreuses, on lit leurs noms dans le livre de la confrérie.

C'est ainsi que l'adoration perpétuelle se pratique dans l'évêché de Vannes ; et il serait à souhaiter qu'elle se pratiquât de même partout,

maintenant qu'elle a été approuvée et reçue par
tant de prélats dans leurs diocèses, et que le
pape Clément X l'a confirmée par un bref d'indulgences à perpétuité, qu'il a accordées, à la
requête de la feue reine Marie-Thérèse d'Autri-
che, pour tous les sujets de la couronne de France.
Les missionnaires pourront procurer l'établissement de cette association, et l'expérience leur
fera voir avec combien de raison le P. Rigoleuc
jugeait que rien n'est plus propre pour conserver et renouveler le fruit des missions.

**Il est estimé et favorisé de tous les évêques dans les dio-
cèses desquels il travaille.**

Il eut le bonheur de rencontrer partout des
prélats qui favorisèrent toujours ses desseins.
L'humble soumission qu'il leur rendait les obligeait à lui faire beaucoup de part de leur autorité, et la manière modeste et respectueuse dont
il en usait, les engageait davantage à l'employer.

**Monseigneur Charles de Rosmadec, évêque de Vannes,
se sert extraordinairement de lui pour la conduite de
son diocèse.**

Celui qui lui marqua le plus d'estime et de confiance, fut monseigneur Charles de Rosmadec,
évêque de Vannes, et depuis archevêque de Tours,
que tout le monde sait avoir été un prélat des plus
sages et des plus éclairés de France. Il disait souvent que son diocèse était redevable au P. Rigoleuc de presque tout ce qu'il avait de bons prêtres.
Il voulut que ce Père lui fît un petit abrégé des
principaux devoirs des évêques. Il le menait avec
lui dans le cours des visites, se servant de lui
pour examiner la capacité des confesseurs. Il le
consultait sur les affaires les plus importantes,
déférant beaucoup à ses sentiments, et il lui

avait donné la liberté de l'avertir de tout ce qu'il jugeait nécessaire pour le bon gouvernement du diocèse. En quoi il avouait que les lumières du Père lui étaient d'un grand secours.

Car, comme les missions et les fréquents voyages qu'il faisait de tous côtés, le soin qu'il prenait des prêtres, et la liaison qu'il avait avec les plus vertueux d'entre eux, lui avaient acquis une fort grande connaissance de l'état des paroisses, il en dressait des mémoires avec beaucoup d'exactitude pour en informer le prélat et les grands vicaires. J'ai vu quelques-unes de ses instructions, où il marque premièrement en général les plus notables désordres de tout l'évêché, puis en particulier ceux de chaque paroisse, et surtout ce qui regarde les recteurs et les prêtres, leur vie et leurs mœurs, leurs bonnes et leurs mauvaises qualités, ajoutant à chaque article les remèdes dont il estime qu'on se pourra servir utilement : et tout cela d'une manière qui fait également voir la vigilance et l'étendue, la modestie et la sagesse de son zèle.

CHAPITRE V.

Sa manière de conduire les âmes à la perfection.

Il dirige quantité de personnes dans les voies de la perfection.

Ce même zèle l'appliquait encore à la direction de quantité d'âmes dévotes que Dieu lui adressait. C'étaient ou des ecclésiastiques qui désiraient rendre leur vie conforme à la sainteté de leur caractère, ou des religieuses que Dieu attirait à ses plus intimes communications, ou des personnes de qualité qui voulaient vivre dans le monde selon l'esprit de Jésus-Christ, ou de bonnes filles et de pauvres villageoises qui avaient dessein de se donner parfaitement à Dieu. Comme il était persuadé que ces âmes d'élite sont la plus précieuse portion du troupeau de Notre-Seigneur, et que c'est d'elles que Dieu tire sa plus grande gloire, et l'Église un de ses plus grands secours, il regardait leur sanctification comme un intérêt public ; et entrant dans les sentiments de Dieu et de Jésus-Christ à leur égard, il n'est pas concevable avec quel soin il s'employait pour procurer leur avancement spirituel.

C'est ce qu'il faisait particulièrement par ses lettres, ménageant si bien son temps, qu'au milieu de ses plus grandes occupations il trouvait toujours quelques moments pour répondre aux personnes que leurs vertus ou leurs besoins lui faisaient le plus considérer.

Quelques paysannes d'une éminente piété, qu'il avait autrefois dirigées, m'ont témoigné que dans ses voyages il prenait la peine de se détourner de deux à trois lieues pour les aller voir et pour les instruire. Ces sortes d'excursions lui étaient fort ordinaires à l'égard des prêtres, pour les exciter par ses visites à la ferveur.

Il fait de grands fruits en diverses maisons de religieuses. — Plusieurs âmes sont arrivées sous sa conduite à une éminente perfection.

On ne saurait dire le bien qu'il fit en divers monastères de filles, mais surtout en ceux des Ursulines de Ploermel et de Pontivy. Comme il avait une grâce toute particulière pour attirer les âmes à la vie intérieure, et qu'il trouva dans ces deux maisons une parfaite disposition à recevoir ses instructions , il y établit l'esprit de recueillement et d'oraison avec un succès extraordinaire. Ce fut pour ces ferventes religieuses qu'il composa tous les petits traités que j'ai ramassés, et c'est à elles que le public en a l'obligation. Si elles eussent eu soin de conserver ses lettres , nous aurions eu de quoi en faire un volume. Nous donnerons à part ses réponses à Marie de sainte Barbe, ursuline de Pontivy, et nous les joindrons aux lettres par lesquelles cette sainte fille lui rendait compte de sa conscience. C'était une âme si extraordinaire , que le Père tenait pour une insigne faveur que Dieu lui eût donné sa conduite ; pour marquer le caractère de sa vertu, il disait que sa vie n'avait été autre chose qu'une vive expression de l'admirable doctrine du bienheureux Jean de la Croix. Quelques autres ursulines des mêmes monastères sont arrivées sous sa direction à un si haut degré de perfection , que je ne pourrais me dispenser d'insérer ici quelque chose de leur vie et de leurs vertus , si je n'avais dessein d'en faire un ouvrage séparé.

Ceux qui auront lu la vie d'Armelle Nicolas, qui dans l'humble condition de servante, s'est élevée par ses mérites aux premiers rangs des épouses de Jesus-Christ, auront pu remarquer combien le P. Rigoleuc lui rendit de services. Il est vrai qu'il lui avait des obligations assez particulières, puisque c'était elle qui avait obtenu du ciel l'établissement des missions dans le diocèse de Vannes , ayant employé pour cet effet ses prières auprès de la sainte Vierge pendant plusieurs années.

Sa manière de conduire les âmes.

Le premier soin de ce sage directeur lorsqu'une personne voulait se mettre sous sa conduite, était de reconnaître son état intérieur, et ses dispositions, tant de la nature que de la grâce, et surtout l'humeur, à quoi il estimait qu'il faut avoir beaucoup d'égard ; et s'il trouvait un bon fonds, et une bonne volonté, le dessein qu'il formait sur cette âme, était de la conduire à une vie vraiment intérieure, mais par un chemin assuré, l'exerçant sérieusement dans la connaissance d'elle-même et de ses défauts ; dans la mortification de ses passions, et dans la pureté de cœur; dans l'oraison, dans l'amour et dans l'imitation du Verbe incarné. Ensuite, lorsqu'il remarquait en elle un progrès considérable, il la portait à s'abandonner généreusement à la conduite du Saint-Esprit, à s'en rendre absolument dépendante, et à la suivre avec la dernière exactitude jusques dans les moindres choses. On était ravi de l'entendre sur ce sujet. Il en avait même composé un petit traité que l'on a perdu, et il disait souvent que quand on s'est une bonne fois livré au Saint-Esprit, et que l'on marche sous sa conduite, on va comme un navire qui a le vent en poupe et qui vogue à pleines voiles, et que l'on avance plus en un jour, qu'on ne faisait auparavant en une année entière. Mais lorsqu'il avait mis une âme dans cette sainte liberté, il prenait soigneusement garde qu'elle ne tombât dans les erreurs des illuminés de notre siècle, qui, par un orgueil secret, donnent lieu au démon de les remplir de fausses lumières, qui élèvent et enflent l'esprit pour le précipiter ensuite dans un aveuglement où ils s'abandonnent sans scrupule aux sensualités et aux impuretés les plus honteuses, bien qu'ils n'aient rien plus ordinairement en la bouche que la vie de l'esprit et le pur amour.

C'est ainsi qu'il élevait solidement les âmes à l'union divine, les tenant toujours humbles et petites à leurs yeux, et toujours appliquées à l'étude de la connaissance d'elles-mêmes, de leurs faiblesses et de leurs misères.

Son talent et ses lumières pour la conduite des âmes.

Il était fort éclairé dans tous les secrets de la théologie mystique, l'ayant étudiée non-seulement à l'école des hommes sous la conduite du P. Louis Lallemant, qui en fut un excellent maître, et dans les meilleurs livres qui en ont traité; mais bien davantage à l'école du Saint-Esprit, par l'onction intérieure de la grâce, et par sa propre expérience jointe à celle des grandes âmes qu'il dirigeait.

Il avait fait un recueil des conférences du P. Louis Lallemant, et un abrégé de la doctrine du bienheureux Jean de la Croix, et du traité du cardinal de Berulle, De l'abnégation intérieure, avec un précis de nos constitutions. C'étaient là les principales règles de sa conduite.

CHAPITRE VI.

Ses vertus particulières.

Sa vie était conforme à ces excellentes règles, et il marchait lui-même par cette voie d'abnégation par où il conduisait les autres.

Sa mortification et sa pénitence.

Quoiqu'il fût sujet à de grandes infirmités, bien loin de s'occuper du soin de son corps, il le macérait par des veilles, des abstinences, des disciplines, des ceintures piquantes ; et il n'y avait presque aucun jour de la semaine auquel il n'eût attaché quelque mortification particulière.

Il faisait ses voyages à peu de frais, se traitant mal, et vivant comme les pauvres. Pendant qu'il travaillait à l'établissement de notre séminaire de Vannes, qui a depuis été changé en une maison de retraite, allant à une métairie proche de Ploermel, il ne portait ordinairement point d'autre provision qu'un petit sac de farine, dont on lui préparait à manger à la façon des paysans de Bretagne.

Cette sorte de nourriture lui était fort ordinaire, lorsque étant à la campagne il allait loger chez ses prêtres, ou chez quelques bons villageois, leur persuadant que c'était là son grand ragoût. Mais en effet il n'en usait ainsi que pour contenter son esprit de pauvreté, et pour n'être pas à charge à ses hôtes. Nous avons appris d'un vertueux prêtre qui le logea souvent en sa maison, qu'il y passait la nuit assis dans une chaise, sous prétexte que cette posture lui était commode pour prendre son repos, à cause d'un mal habituel qu'il avait à une jambe.

Il voulait que tout ce qui était à son usage fût extrêmement pauvre ; ainsi, ne pouvant plus aller à pied à cause de sa mauvaise jambe et de ses autres indispositions, il fit acheter avec la permission du révérend Père général, de quelques aumônes qu'on lui fit, un méchant petit cheval qui ne lui coûta jamais beaucoup à nourrir. On le laissait vivre comme à l'abandon, et il ne se ressentait que trop de la pauvreté de son maître. C'était un proverbe dans le pays pour exprimer la misère des serviteurs mal nourris, de dire qu'ils étaient traités comme le cheval du P. Rigoleuc.

Mais il ne bornait pas comme le font plusieurs, la pratique de la pauvreté aux choses extérieures. Il lui donnait dans l'intérieur une étendue immense, et il disait « que la parfaite pauvreté d'esprit consiste en trois points. Le premier, à ne désirer aucune autre connaissance que celle de Dieu et de nous-mêmes. Le second, à ne point chercher Dieu hors de nous, mais à le voir en nous, et l'y contemplant, trouver en lui notre salut et notre bonheur. Le troisième, à n'attacher notre affection à aucun bien créé, quelque spirituel qu'il soit, et à ne laisser empreindre sur notre cœur aucune image des créatures. »

Son humilité.

Depuis sa troisième année de noviciat, il fit une étude toute particulière de la vertu d'humilité, se proposant d'en observer exactement les règles que Rodriguez marque au chapitre 28 du traité qu'il en a composé, savoir : « 1° De ne rien dire qui pût tourner à sa louange ; 2° de ne se point réjouir des louanges qu'on lui pourrait donner, ni de la bonne estime qu'on témoignerait avoir de lui ; 3° de ne se point attrister des louanges qu'on donnerait aux autres, et de ne pas témoigner par son silence qu'elles lui déplussent ; 4° de ne rien faire dans la vue des créatures, et de mépriser leurs applaudissements ; 5° de ne s'excuser jamais ; 6° de chasser les pensées de vanité touchant ce qui le regardait d'abord qu'elles se présenteraient ; 7° de donner en toutes choses la préférence aux autres, les estimant tous comme ses supérieurs, et les honorant avec un humble respect ; 8° de prendre plaisir à se voir dans la dépendance d'autrui et sans honneur ; 9° de souffrir avec patience, ou plutôt d'embrasser avec joie les occasions d'humiliation qui se présentent, et même d'en chercher quelques-unes selon la grâce du Saint-Esprit ; 10° de faire souvent pendant la journée des actes intérieurs et extérieurs d'humilité ; 11° de s'examiner toutes les semaines sur la pratique de cette vertu. »

La plupart de ses bons propos, pendant les deux ans qui suivirent immédiatement son troisième an de noviciat, ne tendaient qu'à s'établir dans une solide humilité. « Le but de toutes mes actions, dit-il, sera d'acquérir l'humilité, tenant pour certain que dès le jour que j'en quitterai l'exercice, je commencerai à perdre le peu de dévotion que Dieu m'a donné. »

« Je m'étudierai, dit-il dans le règlement d'une de ses retraites de ces deux années, à me perfectionner dans l'humilité, et à me contenter de peu, considérant que l'estime des hommes ne sert de rien pour mon salut, que tout ce que je pourrais faire pour paraître et me rendre considérable, ne peut servir qu'à ma plus grande condamnation, et à me causer de la peine et des regrets à l'heure de la mort ; qu'ayant renoncé au monde, je n'en dois plus craindre le mépris ; que Dieu ne me fera jamais de grandes grâces si je n'ai beaucoup d'humilité ; enfin, que si la mort vient à me surprendre la vanité dans le cœur, je serai traité comme un voleur que l'on prend le larcin entre les mains. Je destine donc pour bien des années mon examen particulier à l'humilité et au mépris de mon corps et de mes commodités. »

Il dit dans un autre règlement : « Je m'efforcerai par de fréquentes humiliations à me rendre peu considérable dans l'estime de nos pères et nos frères, et bien moins encore dans la mienne. »

C'était par ce principe qu'il affectait de paraître ignorant dans les occasions qui se présentaient de donner des preuves de sa doctrine ; et souvent il gardait le silence, lorsqu'on venait à s'entretenir de certaines matières dont il eût pu parler avec une grande profondeur de savoir.

Quelques-uns de ses missionnaires m'ont assuré qu'étant quelquefois fort mal reçu par les recteurs des paroisses où il allait faire mission, au lieu de se prévaloir de la faveur du prélat, qui était tout à lui, il aimait mieux souffrir leurs brusqueries sans s'en plaindre : et cette patience, jointe à toutes les marques de respect et de soumission qu'il leur donnait dans la suite, les édifiait tellement, qu'à la fin ils étaient confus du mauvais accueil qu'ils lui avaient fait ; et d'ordinaire ils lui demeuraient aussi affectionnés qu'ils lui avaient été d'abord contraires.

Une grande persécution s'étant excitée contre lui à Nevers, il n'y opposa point d'autre défense que celle de son silence et de son humilité. Dans cette affliction, Notre-Seigneur le voulut consoler. Il lui dit ces amoureuses paroles : *Tôt ou tard je fais paraître la vérité*, et en même temps il lui remplit le cœur d'une douceur céleste qui lui dura plusieurs années.

Quelque emploi qu'on lui donnât, il s'en estimait toujours trop honoré, ne croyant point avoir d'autre mérite que celui des pécheurs, à qui rien n'est dû que la peine et la confusion.

Ainsi jamais il n'apporta de difficultés, ni ne témoigna la moindre répugnance aux dispositions de l'obéissance.

Son obéissance.

Quelque avantage qu'il eût à Vannes pour faire ses missions avec plus de succès qu'ailleurs, il était néanmoins toujours prêt à en sortir aux premiers ordres qu'il en recevrait des Supérieurs, sans leur rien représenter, si le Père spirituel et le révérend Père recteur ne jugeaient qu'en conscience il le dût faire. Et en effet, ayant eu ordre de quitter Vannes et d'aller à Orléans pour y être missionnaire, il obéit sans réplique, bien qu'il prévît dès lors ce qu'il reconnut depuis par expérience, comme il l'écrivit dans une de ses lettres à Marie de sainte Barbe, qu'il pouvait faire plus de fruit en un mois dans les missions de Bretagne, qu'en plusieurs années dans celles de France. Et depuis, l'obéissance l'ayant tout à fait retiré des missions pour l'appliquer à enseigner la réthorique à Quimper, quoique âgé de 52 ans et fort infirme, il embrassa aussi volontiers cet emploi, et s'en acquitta avec autant de ferveur et d'exactitude, que s'il eût encore été dans la première vigueur de sa jeunesse. Enfin, aux dernières années de sa vie, quoiqu'il eût éprouvé combien les emplois sédentaires étaient préjudiciables à sa santé, et qu'il eût tant d'attrait pour ses chères missions, il s'en laissa néanmoins encore arracher par l'obéissance, pour demeurer attaché au collége de Vannes à y enseigner la théologie morale ; et bien qu'il connût assez lui-même par sa propre expérience, que l'air de cette ville lui était fort contraire, et que le médecin l'assurât qu'il hasardait sa vie s'il y passait encore un hiver, il se contenta d'écrire au révérend Père provincial, qu'il se croyait obligé en conscience de lui représenter que le changement d'air lui eût été nécessaire, sans faire aucune instance pour l'obtenir ; et sa lettre n'ayant eu aucun effet, on peut dire qu'il est mort pour s'être sacrifié à l'obéissance.

Sa grande régularité.

Quant à l'observation des règles, il y fut toujours fort exact, les regardant comme la voie sûre que Dieu lui avait marquée pour le conduire à la perfection de l'état où il l'avait appelé. Il estimait que cette exactitude est le moyen le plus efficace qu'aient les religieux pour obliger Dieu à leur accorder les vertus solides et les grâces extraordinaires, et que c'est là en quelque manière les acheter. « Il faut, dit-il dans un de ses bons propos, que j'achète la grâce de la dévotion, l'humilité, la pureté, et les autres vertus par une inviolable observation de mes règles, par de fréquentes oraisons, et par une fervente pratique des bonnes œuvres, et que je n'épargne rien pour en venir à bout. »

Son éloignement de toute singularité.

Il était d'une si grande édification parmi nos pères, qu'un d'eux qui a demeuré quatre ans avec lui, m'a témoigné qu'il ne lui a jamais ouï dire une parole, ni vu faire une action que l'on pût raisonnablement juger être un péché véniel.

Il n'avait rien de singulier dans ses manières. « J'ajusterai, dit-il, mes actions à la façon commune de nos pères, sans affecter rien de particulier qui puisse être remarqué, même dans les choses les plus spirituelles, comme la messe, espérant de la bonté de Dieu qu'en me tenant dans les bornes de la communauté, sans m'en éloigner par aucune dévotion singulière, elle me donnera par quelqu'autre voie ce que j'aurais pu prétendre d'obtenir par ces sortes de singularités. »

Sa douceur et son égalité d'esprit.

Sa douceur et son égalité d'humeur furent d'autant plus admirables, qu'il y avait moins de disposition naturelle. J'ai déjà fait remarquer qu'il était naturellement prompt et chagrin; mais par une continuelle vigilance sur lui-même, par une constante mortification de ses passions et de tous les mouvements déréglés de son cœur, il acquit à la fin cette douceur qui le rendait si aimable; et la grâce l'éleva à un si haut degré de paix et d'égalité d'esprit, qu'il était au-dessus de toutes les altérations. Tout son intérieur était si bien composé, et dans une si parfaite intelligence avec la grâce, qu'il n'y arrivait plus de troubles, et l'on ne remarquait jamais dans son extérieur aucune émotion. C'est de quoi un des ecclésiastiques de Bretagne qui se distingue le plus par sa vertu, et par son mérite, M. Eudo de Kerlivio, me rendit un jour un témoignage d'autant plus recevable qu'il avait parfaitement connu le Père Rigoleuc. Il me parlait du P. Julien Maunoir, ce fameux missionnaire de notre compagnie, qui mourut en odeur de sainteté à Plérin en Cornouailles le 28 janvier l'an 1683, et il me disait que ce qu'il admirait le plus en lui, c'était sa grande égalité d'esprit. Ensuite il ajouta qu'il n'avait encore vu que deux personnes qui lui parussent être entièrement maîtres d'elles-mêmes, et à l'épreuve des accïdents qui peuvent troubler la paix d'une âme, savoir, le P. Rigoleuc, et cet autre Père dont nous parlions : qu'il les avait vus tous deux dans des conjonctures capables de pousser à bout une patience moins solide que la leur, et qu'ils étaient toujours demeurés inaltérables.

Sa modestie.

Cette parfaite composition de son âme se rendait sensible au dehors par une modestie accompagnée de gravité, qui sans affectation et sans contraite, réglait tous les mouvements de son corps, d'une manière si édifiante que sa seule présence imprimait dans ceux qui le voyaient, des sentiments de respect pour sa personne, et de vénération pour la majesté de Dieu, qui paraissait habiter en lui comme dans son temple.

CHAPITRE VII.

Son Exercice de préparation à la mort.

(*Le P. Rigoleuc n'en est pas l'auteur, mais il le dressa pour lui-même, en la manière suivante, pendant son second noviciat.*)

« Trois choses observées pendant la vie me disposeront de loin à bien mourir : 1° La garde de mon cœur, et le soin de le tenir en si bon ordre, que j'aie plutôt sujet de désirer que de craindre la vue et l'examen de mon souverain juge. C'est là sans doute la vigilance qu'il nous recommande dans l'Évangile, lorsqu'il dit si souvent : *Vigilate.*

« 2° Quelquefois pendant l'année suivant le mouvement du Saint-Esprit, m'occuper de la salutaire pensée de la mort ; et me représentant en esprit être déjà dans cette extrémité inévitable, faire les mêmes actes de vertu, principalement les intérieurs, que je voudrais faire à l'heure de la mort, de la manière qu'ils sont marqués ci-après. 3° Assister volontiers les malades soit ceux de la maison, soit les externes, et pratiquer envers eux, surtout aux approches de la mort, les œuvres de miséricorde spirituelles et corporelles, tenant pour assuré que Dieu fera que je sois traité dans ce dernier passage comme j'aurai traité les autres.

« Au commencement de la maladie, 1° j'accepterai toutes les douleurs, et les ennuis qui me pourront arriver dans la suite, les travaux de corps et d'esprit, l'agonie de la mort, et la mort même s'il plaît à Dieu de me l'envoyer. J'adorerai le souverain domaine que Dieu a sur nos vies. Je reconnaîtrai sa providence sur la mienne, et je me réjouirai de voir que sa justice s'exerce sur mon corps, comme sur le complice de la rébellion d'Adam, et que l'instrument du péché est affligé de maladie, et doit être bientôt séparé de son âme, abandonné aux vers, réduit en poussière, et exterminé pour un temps. 2° Afin que tout cela me soit méritoire, je l'unirai avec respect aux tourments et à la mort de mon Sauveur, me proposant ses souffrances pour modèle des miennes, et prenant sa passion pour l'entretien ordinaire de mon esprit. 3° Je témoignerai de bonne heure le désir de recevoir les sacrements de l'Église, et je prierai mon confesseur de prendre la peine de m'assister selon cet exercice, que je lirai ou ferai lire par lui, ou par quelqu'un de mes amis.

« Dans le progrès de la maladie il faut observer trois choses : la pratique des vertus extérieures, l'entretien intérieur, et l'usage des sacrements.

« Quant aux vertus extérieures, la première et la plus nécessaire est la patience. Je l'exercerai, 1° souffrant le mal, et tout ce qui m'arrivera d'incommode, sans me plaindre ; 2° prenant les médecines et tous les remèdes qui me seront ordonnés, surmontant courageusement la répugnance naturelle que j'y pourrais avoir, et y mêlant le fiel que Notre-Seigneur prit sur la croix ; 3° acceptant de bon cœur le traitement qui me sera fait, quel qu'il puisse être, renonçant à la délicatesse des viandes, et ne demandant ou refusant quoi que ce soit, à l'exemple de Jésus-Christ, qui goûta le fiel et le vinaigre qui lui fut présenté ; 4° condescendant aux volontés des médecins, des infirmiers et des autres qui seront auprès de moi, m'abandonnant entre leurs mains, comme si j'étais déjà un corps mort, de la manière que mon Sauveur se laissa renverser, étendre et clouer à la croix.

« La deuxième est la dévotion. Je tâcherai de l'exciter et de la conserver, 1° par mes exercices ordinaires, mes oraisons, mes examens, autant que je les pourrai faire, par de fréquentes oraisons jaculatoires, et par la garde intérieure de mon cœur ; 2° par de bons discours, ne parlant que de choses spirituelles, et témoignant ouvertement ne point agréer d'autre entretien ; 3° par l'estime et l'usage des pieuses cérémonies de l'Église, de l'eau bénite, des images, des reliques, de l'invocation des Saints, et des indulgences.

Je me mettrai à genoux autant de fois que l'occasion et mes forces me le permettront, avec une humble et respectueuse protestation de ma totale dépendance de Dieu.

« La troisième est la modestie et l'honnête composition du corps. Je la pratiquerai préférant la pudeur aux petits soulagements que je pourrais peut-être apporter à l'incommodité de la chaleur, ou à l'ennui que je souffrirai, ne faisant voir aucune partie de mon corps découverte, et ne m'agitant point indécemment dans le lit pour trouver du repos ou du rafraîchissement, mais plutôt me confondant d'être couché trop mollement, au lieu que mon souverain Maitre est mort sur une croix.

« Pour ce qui est de l'entretien intérieur, la lecture ou les discours que j'aurai entendus m'en fourniront le sujet, d'où je pourrai tirer divers actes de vertu, et particulièrement ceux qui sont les plus propres à consoler et fortifier une âme contre les tentations, tels que sont les suivants: 1° Une fervente protestation de foi, et de vouloir vivre et mourir fils de la sainte Vierge, de la sainte Église, et de la compagnie de Jésus: 2° Un humble aveu de mon néant et de mes innombrables péchés, de mon impuissance pour toute sorte de biens : que je n'ai rien qui m'appartienne en propre que l'inclination au mal et le péché; et que j'ai mérité l'enfer: 3° Une vraie contrition de mes péchés, et un regret sincère d'avoir abusé de tant de grâces, de m'être retiré des voies du Saint-Esprit, d'avoir manqué de correspondre aux desseins de Dieu, et d'avoir coopéré aux défauts et aux péchés d'autrui. 4° Un ferme propos de me plus offenser Dieu volontairement, le priant de me

rétablir dans l'ordre des grâces que j'aurai per-
dues, et de me faire arriver au comble de la
perfection qu'il prétend de moi. 5° Une confiance
filiale dans les infinies miséricordes de Dieu, et
surtout en la source de toutes les bénédictions
célestes, Jésus-Christ le Verbe incarné et crucifié.
6° Une tendre reconnaissance pour tous les bien-
faits de Dieu, et principalement pour celui de la
vocation religieuse, pour ceux des sacrements,
et pour la grâce qu'il m'aura faite, comme je
l'espère, de me donner du temps pour me disposer à la mort. 7° Une oblation générale de toutes mes puissances, et de tous leurs actes jusqu'au dernier soupir ; un renouvellement de mes
vœux et de ma profession religieuse, dont je
prononcerai moi-même si je le puis, la formule,
ou du moins je la ferai prononcer en mon nom,
et la ratifierai dans mon cœur ; et une affectueuse
réitération de tous les bons désirs que j'aurai jamais eus de plaire à Dieu, de procurer sa gloire
et d'aider au salut et à la perfection du prochain.
8° Une amoureuse soumission et conformité à
tous les jugements de Dieu, adorant sa justice,
et me réjouissant du pouvoir qu'il a sur moi,
et de sa providence à mon égard. 9° Une généreuse détestation de toutes les pompes du siècle,
et un renoncement aux illusions de Satan et aux
plaisirs de la vie. 10° Un désir ardent de l'éternité bienheureuse, de la claire vision de Dieu,
de contempler mon Sauveur dans sa gloire, et de
converser avec la sainte Vierge, avec les anges,
et avec le Saints dans le paradis. Je me réjouirai de me voir approcher de ce bonheur, et j'invoquerai les Saints et surtout mes patrons et mes
protecteurs.

« Les sacrements que les malades peuvent recevoir , sont trois : 1° La confession. J'en ferai une générale dès la première apparence de danger qu'il y aura dans mes maladies , et ensuite je continuerai de me confesser chaque jour avec plus de préparation et d'exactitude que jamais ; et pour mieux connaître mes fautes, je prierai l'infirmier ou quelqu'un de mes plus intimes amis , de remarquer mes impatiences et mes autres défauts , et de m'en avertir avec franchise. 2° La sainte eucharistie : Je la recevrai spirituellement chaque jour, et réellement autant de fois que j'en pourrai obtenir la permission. Je tâcherai de la recevoir à genoux et hors du lit, d'aller au devant d'aussi loin qu'il me sera possible , et de suppléer par la ferveur des actes intérieurs au défaut du culte extérieur que je ne pourrai lui rendre : et lorsqu'on me la donnera pour viatique , je ramasserai doucement toutes mes forces pour rendre le dernier hommage à mon Créateur. O quelles demandes faudra-t-il faire alors dans une si pressante nécessité ! ô quelle espérance de mon salut, en ayant entre les mains un gage si assuré ! quel désir de jouir à découvert de celui que je posséderai alors sous le voile adorable du saint sacrement ! 3° L'extrême - onction. Je la demanderai de bonne heure , dans l'espérance d'obtenir par là une grâce particulière pour me disposer à une sainte mort. Je rappellerai en ma mémoire les effets qu'elle opère ; et pour la recevoir dignement, je m'y préparerai par une foi vive et une conscience pure ; et lorsqu'on me l'administrera, je répondrai de bouche ou du moins de cœur aux prières et aux cérémonies de l'Église.

« Aux approches de la mort, ayant reçu les sacrements, je me souviendrai, si l'état de ma

maladie me le permet, de demander trois choses : 1° pardon aux assistants et aux absents,
tant aux domestiques qu'aux externes que je
pourrais avoir offensés ou scandalisés autrefois.
Que si je ne le puis faire moi-même, je prierai
le Supérieur de le faire en mon nom. 2° Quelque pénitence pour les mauvais exemples de ma
vie passée, comme de mourir sur des planches,
ou à plate terre pour ressembler en quelque
manière à Jésus-Christ mourant sur la croix.
3° L'assistance de quelques-uns de nos pères des
plus intérieurs et charitables, qui ne m'abandonnent plus désormais, se succédant les uns
aux autres pour m'encourager et me fortifier dans
ce dernier combat.

« Leur soin sera, 1° de m'entretenir de bons
discours, et de me suggérer de temps en temps
les actes de vertu qui sont marqués ci-devant,
afin que je les exerce intérieurement ; et si je les
puis encore proférer, ils me le feront faire en
peu de mots, comme, *Credo Domine*, *spero
Domine*, *amo Domine Jesu*. 2° De m'exciter à
la dévotion en me présentant quelque pieux objet, comme le Crucifix, me donnant de l'eau
bénite, me faisant gagner quelque indulgence.
3° De réciter avec moi ou devant moi les prières
vocales qui conviennent aux moribonds, comme
quelques psaumes choisis, ou les oraisons que
l'Église a destinées pour les agonisants, ou celles
de ma dévotion particulière. 4° De me lire quelques-unes des précieuses morts des Saints, comme celles de quelques martyrs, celle du bienheureux Louis de Gonzague, mais surtout celle
du Saint des Saints, Jésus-Christ, le miroir de la
patience et de toutes les vertus, qui seul est capable de nous donner le secours dont nous avons .

besoin dans nos peines et dans l'agonie de la mort.

« Je désire particulièrement qu'on me lise les paroles sacrées que ce Dieu mourant proféra sur la croix. Ces paroles étant prononcées dévotement, sont formidables au démon, et produisent en l'âme de saintes affections propres pour affermir la foi, assurer l'espérance, et enflammer la charité.

« *Pater, dimitte illis.* A ces mots mon cœur s'attendrira pour rétracter et détester, non-seulement tous les actes formels du consentement que j'aurai pu donner à la passion de haine et de colère, mais encore tous les sentiments d'envie, d'aigreur, de vengeance et d'aversion que j'aurai eus pour le prochain. Je prierai Dieu pour ceux qui m'auront fait quelque déplaisir, et j'offrirai à Dieu pour eux tout ce qui me restera de patience à exercer et de douleur à souffrir.

« *Sitio.* Cette soif de Jésus-Christ en excitera une en moi de souffrir beaucoup plus que je ne souffrirais, et de pouvoir immoler ma vie pour Dieu par une mort sanglante. Dans l'ardeur de ce désir, j'unirai avec respect mes petites peines aux souffrances des saints martyrs, et à celles de leur chef.

« *Deus meus, Deus meus, ut quid dereliquisti me ?* Cet abandon du Fils de Dieu sera ma consolation et mon assurance dans la juste appréhension que je pourrais avoir d'être abandonné de Dieu à l'heure de la mort, pour l'avoir tant de fois si lâchement abandonné pendant ma vie.

« *Mulier, ecce filius tuus. Ecce mater tua.* Je tirerai de ces paroles un tendre sentiment de piété envers la sainte Vierge, ma bonne mère. Je la supplierai de me favoriser de sa bénédiction et de son assistance maternelle, et je prierai saint Jean qu'il me fasse la grâce de m'admettre en la participation de ce nom aimable de fils et de serviteur de Marie.

« *Hodie mecum eris in paradiso.* Sur ces paroles je ferai premièrement une humble confession de tous mes démérites, disant avec le bon larron : *Et nos quidem justè : nam digna factis recipimus. Hic autem quid mali fecit ?* Puis j'ajouterai avec une grande confiance : *Domine, memento meî cum veneris in regnum tuum ;* et je me représenterai pour ma consolation, que Notre-Seigneur me répondra : *Amen dico tibi : hodie mecum eris in paradiso.*

« *Consummatum est.* Après avoir béni et glorifié l'obéissance que le Fils de Dieu rendit à son Père mourant en la croix, comme chef de la nature humaine pour réparer la désobéissance d'un autre chef qui nous avait perdus, j'unirai ma volonté à celle de cet adorable chef des hommes et des anges, pour mourir comme lui la tête penchée en signe d'une parfaite soumission aux volontés de Dieu.

« *Pater, in manus tuas commendo spiritum meum.* O si je pouvais être assez heureux pour mourir, ayant en la bouche et dans le cœur ces dernières et très-amoureuses paroles avec lesquelles le Fils de Dieu mourant rendit l'esprit entre les mains de son Père le Dieu vivant !

« Les litanies des Saints, auxquelles on ajoutera l'invocation des saints et des bienheureux de la compagnie de Jésus.

« Cette prière de l'Église en la messe de la Passion de Notre-Seigneur, *Domine Jesu Christe qui de cœlis ad terram de sinu Patris descen-*

disti, et sanguinem tuum pretiosum in remis-
sionem peccatorum nostrorum fudisti ; te humi-
liter deprecamur, ut in die judicii ad dexteram
tuam audire mereamur : Venite, benedicti, qui
vivis, etc.

« La prière de la congrégation de Notre-Dame,
pour renouveler mon engagement à son service
et à celui de son chaste époux, saint Joseph,
mon bien-aimé patron, *Sancta Maria, Mater*
Dei et Virgo, et tu Virginis sponse, custosque
pueri Jesu, gloriosissime Joseph, ego vos hodie
in Domino, patronos et advocatos eligo, fir-
miterque statuo, ac propono me nunquam vos
derelicturum, neque contra vos aliquid unquam
dicturum vel facturum, neque permissurum ut
à meis subditis aliquid unquam contra vestrum
honorem agatur. Obsecro vos igitur, accipite
me in servum perpetuum. Adsitis mihi in omni-
bus actionibus meis, nec me deseratis in hora
mortis. Amen.

CHAPITRE VIII.

§. I. *Son affection pour le recueillement.*

Mais entre toutes ses vertus, celle qui a fait
son caractère propre et particulier, ç'a été l'a-
mour du recueillement et de la vie intérieure.
En quoi l'on peut assurer qu'il n'a presque point
eu son pareil.

Dans les bons propos de ces deux années qui
suivirent immédiatement son second noviciat,
je n'en trouve point de plus souvent réitérés que
ceux-ci : « D'éviter l'empressement, comme

l'écueil de la vie intérieure ; de ne rien entre-
prendre qui l'empêchât de s'acquitter tout à loisir, et avec une pleine liberté d'esprit, de tous
ses exercices de dévotion ; de ne se laisser jamais tant charger d'occupations, qu'il vînt à
omettre l'oraison ; de ne distraire jamais tellement son cœur par les occupations, qu'il devînt
stérile pour la prière ; de veiller sans cesse sur
lui-même, et de se tenir tellement recueilli,
qu'il fût toujours en état de prier. »

Comme il savait que l'étude et les missions
causent d'ordinaire beaucoup de distractions, il
y remédia par les règlements qu'il prescrivit,
où il marque entre autres choses, « qu'après
chaque mission il fera deux ou trois jours de retraite ; qu'il ne prendra jamais plus d'actions que
ce qu'il en pourra faire avec un esprit libre, et
sans préjudice de son recueillement intérieur,
et qu'il tâchera de se rendre maître de ses actions, de s'élever au-dessus de son emploi, et
de se dégager de l'embarras et du trouble qu'ap-
portent ordinairement les fonctions du zèle des
âmes, et qui en font perdre le mérite si l'on n'y
prend garde. Quant à l'étude, qu'il s'y por-
tera sans empressement avec un cœur large, et
un esprit libre et disposé à interrompre, et
même à omettre cet exercice s'il se présente
quelque chose qui semble être davantage à la
gloire de Dieu ; qu'il commencera par un profond sentiment d'adoration de la souveraine sagesse et de la première vérité, lui demandant la
lumière, et lui offrant cette action ; qu'il prendra l'étude comme une aide pour l'oraison, ou
comme un divertissement pour s'appliquer ensuite avec plus de force à prier ; que dans le progrès de l'étude, s'il se présente quelque pensée

qui le touche pour l'amendement de ses défauts,
ou qui lui donne quelqu'autre bon sentiment,
il s'y arrêtera un peu ; enfin , qu'après l'étude
il se recueillera pendant quelques moments , et
qu'il en remportera toujours quelque pensée dé-
vote , quelque sainte affection , quelque bonne
résolution pour l'avenir , suivant ce qu'il aura
étudié, comme s'il avait employé tout ce temps-
là dans la méditation , et qu'il en vînt alors aux
affections et au colloque. » Ce fut là sa méthode
d'étudier jusqu'à ce que Dieu l'eût élevé à l'état
passif où l'on ne s'attache plus à aucune méthode.

Depuis son troisième an de noviciat il ne cessa
de s'exciter à l'amour de la vie intérieure, et son
journal des deux années suivantes est tout plein
des sentiments que Dieu lui donnait sur ce sujet. En voici quelques-uns.

« Il faut absolument , dit-il , choisir de deux
choses l'une, ou de devenir un homme intérieur
et spirituel , ou de mener une vie lâche et inutile , une vie de trouble et d'inquiétude, agitée
d'une infinité de divers desseins , et remplie de
mille vaines occupations , dont nulle ne te con-
duira jamais à la perfection où Dieu t'appelle. »

« Si je ne me donne à la vie intérieure , dit-
il ailleurs , bien loin d'accomplir les desseins de
Dieu , je n'aurai pas même la grâce de les connaître, et je ne parviendrai jamais ni au point
de sainteté que notre vocation demande , ni à
la perfection d'aucune vertu.

« Un homme qui n'a point d'entrée en la vie
intérieure, va errant çà et là sans trouver nulle
part de repos , et se jette avec avidité sur toutes
sortes d'objets sans se pouvoir rassasier d'aucun :
au lieu que si s'adonnant au recueillement il ren-

trait au dedans de lui-même, il y trouverait Dieu, il y goûterait Dieu, qui par sa présence le comblerait d'une telle abondance de biens, qu'il n'irait plus chercher ailleurs de quoi remplir le vide de ses désirs.

« Que l'on tire de merveilleux avantages de la vie intérieure quand on s'y est une fois bien établi !

« 1° On possède la foi, l'espérance et la charité d'une manière si sublime, et l'on est si convaincu de la vérité de nos mystères, que quand tous les hommes les attaqueraient, on n'en serait pour cela nullement ébranlé dans sa croyance.

« 2° On se trouve au-dessus de toutes les craintes humaines. On n'appréhende plus ni la pauvreté, ni aucun des maux de la vie présente, ni ceux de l'autre vie, et l'on demeure toujours dans la même situation d'esprit, toujours immobile en Dieu.

« 3° On ne perd jamais la présence de Dieu, et dans le commerce du monde, dans l'embarras des affaires, parmi la foule des occupations, l'on conserve toujours la solitude de cœur, et l'on ne sort point de cette montagne mystique de l'oraison, où l'on a été introduit par le Saint-Esprit.

« 4° De tout ce que l'on voit ou que l'on entend, on prend occasion de s'élever aussitôt à Dieu, et l'on convertit en Dieu toutes les créatures, s'il est permis de parler ainsi. On ne voit que Dieu dans les créatures, de même que ceux qui ont longtemps regardé le soleil, quelque objet qu'ils regardent ensuite, s'imaginent toujours voir le soleil.

« 5° Enfin un homme intérieur rendra plus de services à l'Église en une heure, que ceux qui ne le sont pas ne sauraient lui en rendre en plusieurs années : parce que celui-là est intimement, et immédiatement uni à Dieu, et que n'apportant pas d'obstacle aux opérations de la grâce, Dieu peut l'employer comme il lui plaît pour l'exécution de ses desseins.

« Toutes ces raisons me persuadent que mon bonheur consiste à me débarrasser de toutes les choses extérieures pour m'attacher uniquement à Dieu. Je veux donc vivre désormais comme un passereau solitaire, et je suis résolu de mourir dans mon petit nid. »

Il estimait que la principale cause pour laquelle des religieux, qui passent néanmoins communément pour des gens de bien, ne goûtent jamais parfaitement la douceur de la grâce de leur vocation, comme ont fait les Saints, c'est faute de s'adonner solidement à la vie intérieure ; et il déplorait la misère de ceux qui sous prétexte de zèle, mais en effet pour contenter leur activité naturelle, et pour ne pouvoir souffrir la solitude, ni s'appliquer à l'oraison et à l'étude, se donnent tout au dehors, et se chargent d'occupations, qui, quoique bonnes quand elles sont prises avec modération, hors de là dissipent toute la force de leur âme, fomentent leurs passions, et leur sont une continuelle occasion de mille défauts.

§. II. *Ses pieux sentiments.*

« Qui verrait nos âmes comme Dieu les voit, pleines partie de vertus, et partie des vices contraires, que l'alliance de ces choses si opposées lui paraîtrait monstrueuse ! Il nous serait, pour ainsi dire, plus avantageux de n'avoir point certaines vertus dont nous nous flattons : au moins nous reconnaîtrions notre indigence et notre misère ; mais le peu que nous avons de vertus ne sert qu'à nous enfler d'orgueil en nous donnant sujet de nous croire plus riches que nous ne sommes en effet.

« Que nous nous étonnerons à l'heure de la mort, d'avoir si peu connu pendant cette vie la bonté de Dieu, et de nous en être si peu aidés par notre pure faute ! quel malheur de tirer si peu d'avantage d'une bonté infinie et disposée à nous faire tout le bien auquel nous ne mettons point d'obstacles par nos péchés !

« Combien de prêtres et de religieux ne connaîtront qu'à l'heure de la mort et en l'autre vie, ce qu'ils eussent pu faire en celle-ci pour la gloire de Dieu s'ils eussent travaillé sérieusement à leur perfection ! de combien d'omissions ils auront été coupables ! combien de pertes ils auront faites ! combien peu de fruit ils auront recueilli de leurs fonctions, quoiqu'ils s'applaudissent néanmoins eux-mêmes pour un rien, s'attribuant vainement de grands succès, et se flattant de l'espérance imaginaire des couronnes qu'ils s'attendent à recevoir au ciel ! Hélas ! qu'ils seront un jour surpris de se voir condamnés au jugement de Dieu pour les mêmes choses pour lesquelles ils s'étaient follement persuadés que Dieu leur devait de grandes récompenses ! malheur à ceux qui se laissent tromper par le mensonge, et par les fausses apparences dont le monde est plein !

« Notre plus grand mal en cette vie est que nous ne nous regardons que dans cette vie. Nous ne nous regardons presque jamais dans l'état de l'autre vie si différente de celle-ci. Si nous nous

regardions souvent dans le jugement que Dieu
fera de nous , dans la confusion que nous au-
rons de paraître devant ses yeux avec les taches
de nos péchés , dans les peines que nous paye-
rons à sa justice , nous aurions plus de ferveur
pour le service de Dieu que nous n'en avons.
Mais, pour comble de malheur, nous ne voulons
point étendre notre vue au delà de cette vie.

« Puisque nous ne devons être que si peu de
temps dans cette vie, qui se passe dans le mensonge et la vanité, et que nous serons toute une
éternité dans l'autre vie, où il n'y aura plus ni
d'erreur ni de changement; quelle illusion de
nous occuper tout entiers de la vie présente,
sans presque jamais penser à la vie future ! quelle
folie de nous remplir l'esprit des sentiments du
temps , sans nous élever aux sentiments de l'é-
ternité ! pourquoi n'embrasser pas dès maintenant la condition bienheureuse de l'autre vie ,
autant que l'état présent nous le permet ? Jugeons de ces choses comme nous en jugerons
dans l'éternité.

« Les Saints ne jugent des choses temporelles
que par rapport à l'éternité. Selon cette règle,
ils regardent les choses futures comme déjà présentes , et les présentes comme déjà passées ,
ainsi que saint Léon conseillait de faire. A la vue
de l'éternité ils voient les plaisirs dont ils jouissent comme déjà éclipsés à leurs yeux. Ils
voient les peines qu'ils souffrent comme déjà
finies. Que si dans cette vie quelque chose nous
paraît de longue durée , cela ne provient que de
l'illusion de notre esprit, de laquelle nous nous
apercevons lorsque les choses ont cessé d'être.
Représentez-vous Hérode après 40 ans de règne,
prêt à se donner la mort, et un de ses sujets qui

a songé la nuit en dormant qu'il était roi : que reste-t-il à Hérode de son règne, plus qu'à celui-ci de son songe ?

« Il n'y a pas un moment dans tout le cours de notre vie où nous ne gravions dans notre âme des caractères de gloire ou de confusion. Chaque action, chaque pensée, le moindre mouvement libre qui passe en un instant, laisse dans notre âme des traces et des figures qui demeurent éternellement. Il n'y a maintenant que Dieu qui lise ces caractères. Mais un jour ils seront lus des hommes et des anges, au grand jour du jugement, dans le paradis ou dans l'enfer, à toute éternité. Lucifer a gravé dans son esprit le caractère d'une seule pensée criminelle. Cette pensée ne dura qu'un moment, mais le caractère qu'elle imprima dans l'esprit de Lucifer, dure encore après six mille ans de supplice, et durera autant que le fonds sur lequel il est gravé, c'est-à-dire la substance immortelle de Lucifer. Tous les feux de l'enfer ne consumeront jamais ce caractère de révolte. Tous les torrents de la colère de Dieu, qui se répandront éternellement sur ce malheureux esprit, n'effaceront jamais la tache de son crime. Elle résistera à la force de toute une éternité.

« Les bienheureux dans le ciel porteront éternellement dans leur esprit le souvenir et la vue de leurs fautes : il est vrai qu'elles ne leur causeront plus de douleur ni de confusion ; mais ils ne laisseront pas d'en faire éternellement un désaveu.

« Comment possédons-nous la foi ? comme les villageois possèdent la raison. Trismégiste considérait avec quel avantage les philosophes possèdent la raison au prix des bonnes gens de la campagne. Voilà comme les Saints possèdent la foi en comparaison de nous. Elle est en eux toute rayonnante des dons du Saint-Esprit : en nous elle est fort obscure.

« Jésus-Christ demeure parmi nous de la même manière qu'il demeurait à Nazareth parmi ses proches. Il y était sans être connu d'eux, et sans faire en leur faveur les miracles qu'il faisait ailleurs. Ainsi notre aveuglement et notre mauvaise disposition à son égard l'empêchent de nous faire voir et sentir ces merveilleuses opérations dont il favorise ceux qu'il trouve bien disposés.

« Comment se peut-il faire qu'ayant tant de connaissance de Dieu et des choses divines, nous ayons si peu d'amour de Dieu et si peu d'affection pour les choses divines ? Saint Bernard se plaignait de ses religieux, de ce qu'ayant l'esprit si éclairé, ils n'avaient pas le cœur également enflammé. Cassien et saint Pierre Damien font la même plainte. Hélas ! on la peut faire bien plus justement de nous ! Seigneur, par quels démérites vous obligeons-nous à nous traiter comme vous traitâtes les anges rebelles, à qui vous aviez donné tant de lumières, et que vous avez néanmoins laissé perdre avec toutes leurs belles lumières ? vous donnez quelquefois tant de ferveur, tant de bonne volonté à des âmes qui ont si peu de connaissances ! Le bienheureux François de Sales fait sur ce sujet un parallèle de sainte Catherine de Gênes, avec le docteur Okam. Quelle distance entre les lumières de l'entendement et la ferveur de la volonté !

« Qu'y a-t-il en moi qui empêche cette parfaite nudité d'esprit qui est si nécessaire pour être rempli de Dieu ? Ce n'est, ce semble, que très-peu de chose, et toutefois de quel bien me

prive ce peu de chose, qui le pourrait com-
prendre ?

« Que c'est une chose déplorable, de voir un
religieux appelé à une vie apostolique, dont la
vocation est si sublime et d'une si vaste étendue, se borner à un misérable petit emploi qu'il
aura choisi lui-même par quelque motif d'a-
mour-propre, qu'il aura longtemps demandé,
et enfin emporté par ses instances, et dont il
s'acquitte d'une manière toute naturelle, dans
un continuel épanchement au dehors, dans des
visites et des entretiens inutiles, dans une avidité d'apprendre des nouvelles, et une déman-
geaison de les débiter ! Ou bien, languissant de
paresse dans sa chambre, sans autre occupation
plus sérieuse que la lecture des livres du temps,
ou de quelques autres livres curieux, sans zèle
des âmes, sans attrait pour l'oraison, sans se
mettre non plus en peine de s'avancer dans la
vie intérieure, que s'il n'y avait point pour lui
de vie intérieure, ou qu'il n'en eût jamais ouï
parler ! Et après cela mourir d'une mort impré-
vue, car c'est là le terme où aboutit une telle
vie !

« Arnoul de Chartres dit qu'Adam après son
péché, jetant les yeux sur cette variété infinie
de belles choses que la libéralité de Dieu lui
avait préparées dans le paradis terrestre pour
lui donner du plaisir et rendre son état délicieux ; et se voyant privé de cet avantage par sa
désobéissance, cette vue lui perçait le cœur, et
lui causait des regrets inconsolables. Que di-
rons-nous nous autres misérables enfants d'Adam,
qui par nos satisfactions sensuelles, obligeons
Dieu de nous bannir du paradis terrestre de la
vie intérieure ? quel sentiment aurions-nous, si

nous voyions dans le cœur des Saints les pures délices et les consolations célestes dont ils jouissent, et que nous perdons par notre faute ? quelle douleur en ressentirions-nous ?

« O mon Dieu ! qu'une personne qui pour l'amour de vous et pour se donner tout au recueillement intérieur se sépare entièrement du monde, trouve dans le fond de son âme un monde bien plus grand que celui qu'elle quitte ! O qu'elle trouve au fond de son cœur, dans cette solitude mystique, des espaces bien plus vastes que n'est l'étendue de toute la terre ! et qu'elle se prive volontiers de tout ce qui n'est pas Dieu, pour ne plus vivre qu'avec Dieu.

« Tout le bonheur de la vie religieuse dépend de l'humilité. On n'est heureux dans la religion qu'à proportion qu'on est humble. L'orgueil est le sujet le plus ordinaire de tous les mécontentements des religieux. Le plus grand obstacle à leur perfection, et ce qui les empêche de suivre la conduite du Saint-Esprit, de s'adonner à la vie intérieure, et de correspondre à la grâce de leur vocation, c'est l'esprit de vanité, qui les enchante sous divers prétextes qu'il sait artificieusement colorer. D'abord on se laisse éblouir par l'éclat des talents extérieurs, de l'esprit, de l'éloquence, du savoir que l'on entend sans cesse louer dans ceux qui les possèdent. On se remplit l'esprit de l'idée de ces avantages, qui efface insensiblement celle que l'on avait conçue de la perfection et des vertus solides. On ne parle que de ceux qui se distinguent par la connaissance des belles lettres, et par leurs ouvrages, ou des prédicateurs qui ont la vogue. On veut aussi paraître : on en cherche les occasions, et pour acquérir de la réputation on se porte à l'étude avec excès, jusqu'à étouffer le peu de dévotion qu'on avait. On fait des veilles indiscrètes, jusqu'à compromettre sa santé. On néglige ses exercices spirituels, et on vient à la fin à les omettre ou tout-à-fait ou en partie, pour en donner le temps à des lectures et à des compositions, où l'on épuise toutes les forces de son esprit. On veut l'emporter par-dessus ses égaux, et l'on regarde leurs succès d'un œil de jalousie. On tâche de les rabaisser, et on n'en parle que froidement, et d'une manière qui fait connaître la passion dont on a le cœur blessé. On ne peut souffrir le moindre mépris, et quand on se voit inférieur aux autres, on en est inconsolable. On aime l'éclat, le grand monde, les visites, l'applaudissement et les louanges. On porte ses désirs aux premières chaires, aux emplois éclatants. On aspire à la ville capitale, comme au centre de son ambition : et pour y arriver, pour s'y maintenir, et pour venir à bout de ses prétentions, que ne fait-on pas ? On prend un esprit d'intrigue, de politique et de flatterie. On se fait des amis et des patrons au dedans et au dehors. On s'attache aux personnes dont on espère la faveur et l'appui, aux plus considérables de l'ordre, aux grands du siècle. On devient courtisan, et l'on n'est plus religieux qu'en apparence, et seulement aux yeux des hommes : devant Dieu l'on est tout séculier. On ne se conduit que par la prudence mondaine déguisée sous le nom de *bon sens*. On rapporte tout à la règle de ce prétendu bon sens, que l'on s'est faite pour se tromper sans scrupule. C'est même selon cette fausse règle que l'on juge des choses spirituelles, des opérations divines et des merveilles de la grâce, n'en approuvant que ce qui s'accommode à son caprice. Suivant cette règle, on se fait un système de la vie spirituelle avec la même liberté que les philosophes et les mathématiciens imaginent leurs systèmes du monde et des globes célestes. On ménage les grâces de Dieu en soi et dans les autres selon les maximes de la sagesse humaine : et par un étrange aveuglement, qui est la juste punition des esprits superbes, on croit ne suivre que la raison et le bon sens, lorsqu'on s'éloigne davantage de l'esprit de Dieu. Voilà où la vanité mène peu à peu des religieux, qui dans le commencement ne respiraient que le zèle de leur propre perfection et du salut des âmes. Et voilà ce que j'estime la souveraine misère d'un religieux. Seigneur, préservez-moi de ce malheur, et ne permettez pas que je m'oublie jamais jusqu'à ce point de tomber dans ce sens réprouvé.

« Il y a maintenant beaucoup de bien à faire en d'autres évêchés, et dans celui-ci, dans cette ville, en divers lieux. Dieu ne veut nullement que je le fasse, cela n'est pas en mon pouvoir ; je n'en ai pas même la connaissance en particulier, et je ne m'en dois pas inquiéter. Notre-Seigneur n'instruisit pas tout l'univers, ni même tous les Juifs, ni tous les habitants de Nazareth : du moins il n'en est rien dit dans l'Évangile, sinon qu'il y prêcha une fois. Il demeurait en la maison de Joseph, comme un artisan, et il est dit seulement qu'il était sujet à Joseph et à Marie, c'est-à-dire qu'il leur obéissait. Que cet exemple nous donne d'instructions et de consolations, et qu'il nous délivre de bien des soins dont nous pourrions nous embarrasser sous prétexte de zèle, et qui nous feraient pren-

3*

dre le change, nous portant hors des bornes de la volonté de Dieu !

« Mon néant ne vous résista point, mon Dieu, quand il vous plut de me donner l'être de la nature : faites, ô mon Créateur ! que cet être ne vous résiste pas plus maintenant que vous voulez me communiquer l'être de la grâce ; qu'il n'y ait rien en moi qui s'oppose à la création de ce nouvel être, et qui vous empêche de me le donner tel qu'il vous plaît et que vous me l'avez destiné dès l'éternité.

« Après tout, mon Dieu, je ne demande autre chose sinon que je sois et que je demeure dans la dernière et parfaite disposition que vous demandez-en moi pour y opérer ce qu'il vous plaît, et du reste opérez-y, ou ni opérez pas, le tout selon votre très-sainte volonté. Pourvu que je sois heureusement perdu en vous, faites de moi tout ce qu'il vous plaira.

» Je ne doute pas, mon Dieu, qu'il n'y ait en moi beaucoup de vanité qui vous empêche de me faire plusieurs grâces. Ce que je dis à cela, ô Dieu de miséricorde ! c'est que je renonce à ma superbe, et j'en accepte la peine, me soumettant à la privation de vos grâces. Mais, Seigneur, permettez-moi de parler à votre adorable Majesté. Otons le péché ; retranchons cette superbe. J'y renonce autant que je le puis, ce me semble ; et si je n'y renonce pas assez, aidez-moi à le faire plus parfaitement. Arrachez vous-même tout ce qui reste en moi d'orgueil ; et le crime étant ôté, faites cesser le châtiment, et donnez-moi vos grâces : où si ce que je demande est trop pour un aussi grand pécheur que je le suis, du moins ôtez-moi tout mon orgueil, et je consens à demeurer privé des grâces dont il m'a rendu indigne.

« J'accepte, ô mon Dieu ! avec toute la soumission possible la privation de deux sortes de grâces : de celles que votre éternelle providence n'a jamais déterminé de me donner. Car, quand je vous aurais été fidèle dès le commencement, et que j'aurais toujours continué de l'être, vous ne m'auriez pas fait d'aussi grandes grâces qu'à quelques-uns de vos Anges et de vos Saints, n'ayant jamais eu dessein de m'élever à un si haut degré de gloire que ces bienheureux favoris. J'accepte donc, ô mon Dieu, la privation de toutes ces sortes de grâces, et de toutes les autres qui sont renfermées dans les trésors de votre miséricorde. J'accepte encore humblement la privation des grâces dont votre justice vengeresse m'a privé en punition de mes péchés, tant de celles que vous m'aviez présentées, et que j'ai méprisées, que de celles que vous m'eussiez données si j'avais été fidèle à recevoir les autres que vous me présentiez, et à en faire un bon usage.

« Nous devons regarder nos actions comme autant de démarches pour aller à Dieu, et de degrés pour nous élever dans la grâce et dans la gloire ; comme les voies par où Dieu vient en nous ; comme un accroissement de son royaume en nous, par lequel il prend une nouvelle possession de notre être, de nos puissances, de nos emplois, et il s'acquiert sur nous un nouveau domaine, une nouvelle gloire, dont on le dépouille quand on ne lui rapporte pas ses actions. Une seule action de vertu, une sainte pensée, un acte d'adoration produit tous ces biens-là pour une éternité.

« Le bonheur de cette vie consiste en trois point : 1° A s'établir dans la pureté de cœur, et dans un parfait affranchissement du péché, de ses principes, de ses effets et de ses peines ; 2° A connaître la volonté de Dieu, avec une résolution déterminée de l'embrasser, et une force invincible pour l'accomplir ; 3° A nous conserver toujours dans la présence de Dieu avec une actuelle dépendance de lui dans toutes nos actions, dont le succès dépend de cette union avec Dieu, et en est comme le fruit.

« Nous devons avoir autant de résignation pour la privation des grâces qu'il ne plaît pas à Dieu de nous donner, des vertus qu'il ne veut pas que nous pratiquions, du bien qu'il ne lui est pas agréable que nous fassions, que nous devons apporter de fidélité à recevoir les grâces qu'il nous offre, à pratiquer les vertus, et à faire le bien dont il nous présente l'occasion et nous donne le mouvement. Autrement nous ne ferons que troubler l'ordre de Dieu, et nous troubler nous-mêmes, et faire notre volonté au lieu de celle de Dieu, quoique sous de spécieux prétextes.

« L'image de nos derniers martyrs du Japon nous donne une belle idée d'une parfaite patience. Ils sont pendus à un poteau, les pieds en haut et la tête en bas, sur une fosse où les bourreaux les descendent avec une poulie, et les en retirent comme il leur plaît, pour leur faire souffrir un tourment inconcevable. Voilà comment nous devons être dans le renversement de toutes choses et de nous-mêmes, sans autre mouvement que celui de notre abandon à la disposition de ceux qui voudront nous faire souffrir selon la permission que Dieu leur en donne.

« Dans nos desseins et nos entreprises il vaut mieux nous proposer de faire la volonté de Dieu, que de procurer la gloire de Dieu ; car en faisant la volonté de Dieu nous procurons toujours infailliblement sa gloire. Mais en nous proposant pour motif de nos actions la gloire de Dieu, nous ne laissons pas quelquefois de nous tromper, faisant notre propre volonté sous le spécieux prétexte de la gloire de Dieu. O que cette sorte d'illusion est ordinaire en ceux qui s'emploient dans les bonnes œuvres, et dans les ministères du zèle des âmes ! La vraie perfection en quoi on ne peut se tromper, est d'accomplir en tout la sainte volonté de Dieu. Mais on ne trouve que très-peu d'âmes assez éclairées pour connaître l'excellence de cette perfection, ou assez pures pour goûter avec plaisir l'accomplissement de la volonté de Dieu.

« Faire la volonté de Dieu, c'est se conduire par les lumières de la sagesse et de la vérité, c'est suivre la direction de la sainteté incréée, c'est se conformer à la règle de la souveraine bonté, c'est entrer dans le dessein de Dieu, et agir pour la même fin qu'il se propose lui-même, ce qui est le seul moyen de procurer à Dieu la gloire qu'il désire de nous. Tout ce qui n'est point conforme à la volonté de Dieu, nous égare de l'ordre de sa sagesse, qui règle tous les êtres, et nous retire des voies de sa providence qui conduit toutes choses à leur fin. Et où pourrons-nous aller en nous écartant des voies de la sagesse et de la bonté souveraine, sinon à l'erreur et au péché ? »

§. III. *La conduite du Saint-Esprit à son égard.*

Par quels degrés le Saint-Esprit le fit arriver au plus haut point de la vie intérieure.

Il est à propos de remarquer ici la conduite que le Saint-Esprit tint à son égard, pour l'introduire dans les plus profondes solitudes de ce recueillement intérieur où l'on vit dans l'oubli des créatures, et pour le faire arriver au plus haut degré de cette vie intérieure, qui est si peu connue de ceux même qui en pratiquent extérieurement les exercices, et qui ne cessent d'en parler.

1º Il lui donna la vraie idée de cette sorte de vie, et en même temps il lui en inspira un désir ardent pendant son second noviciat. Ensuite il lui en montra le chemin, et le fit passer par les voies les plus sûres qui y conduisent, pendant les deux années suivantes. Enfin, à la troisième année, l'ayant fait entrer dans ce paradis terrestre, il le mit en possession de la félicité que l'on y goûte, et l'en laissa toujours depuis jouir paisiblement, à la réserve de six ans d'une rude épreuve, qui ne troubla sa paix que pour la rendre à la fin plus constante et plus heureuse.

Le plus grand obstacle que le Saint-Esprit trouvait en lui pour l'exécution de ses desseins, venait de son tempérament bilieux et mélancolique, n'étant pas trop aisé de réduire cette sorte d'esprit à l'état passif, et à une manière d'agir dégagée de l'imagination, et purement intellectuelle. Mais d'ailleurs, comme il avait naturellement un courage à ne se rebuter de rien et inébranlable dans ce qu'il avait entrepris, et que la grâce y avait ajouté une promptitude à suivre l'attrait de Dieu dès qu'il l'avait reconnu, il se laissa si parfaitement conduire par le Saint-Esprit, qu'en deux ans il se vit heureusement arrivé au but où il prétendait.

Ce directeur intérieur l'appliqua pendant ces deux années à des pratiques solides, et propres pour élever peu à peu l'âme à la simplicité de la vie intérieure. Ce sont celles qu'il enseigne dans les petits traités de sa conduite spirituelle, ces divers examens pour acquérir une claire connaissance de soi-même, cette vigilance à garder son cœur, ces fréquents retours pour en observer tous les mouvements, cette attache si tendre et si étroite à la personne adorable de Notre-Seigneur et à sa sainte Mère, ces différentes manières d oraison affective, et enfin cette continuelle application à la présence de Dieu, à quoi aboutissent toutes les autres pratiques.

Le Saint-Esprit l'attire à l'oraison de silence.

Au commencement de ces deux années, dont nous avons si souvent parlé, il eut un attrait particulier pour une manière d'oraison où il se tenait dans une simple résignation de lui-même entre les mains de la sainte Vierge, se reposant de tout ce qui le regardait sur les soins de sa bonté maternelle. En suite il s'exerça pendant quelque temps dans l'oraison de confiance en Dieu, et d'abandon à sa providence, et dans celle de connaissance et d'amour de Notre-Seigneur; et par ces sortes d'oraisons le Saint-Esprit le mit peu à peu dans une disposition de simplicité où il n'était plus occupé que de la présence de Dieu ; et comme tout son attrait consistait à suivre la conduite du Saint-Esprit, il ne s'étudia plus désormais qu'à réduire en tout temps et en tout lieu, dans l'oraison et dans l'action, toutes ses vues et ses pensées à la simple vue de Dieu, le seul objet qui nous doit occuper, et à fixer en Dieu comme dans son centre tous les mouvements de son cœur, par un simple et amoureux acquiescement à sa sainte volonté.

« Dans mes oraisons, dit-il, je ne ferai autre chose que laisser aller mon cœur dans une démission de ma propre volonté en celle de Dieu, et je me garderai bien de revenir de cette heureuse perte de moi-même au rétablissement de l'amour-propre, soit par le plaisir dans les choses qui flattent la nature, soit par l'impatience et le chagrin dans les occasions qui choquent les sens ou l'esprit. Ce qui fait qu'on ne s'établit pas solidement dans cette parfaite résignation, c'est que ce qu'on a établi dans la prière, on le détruit, ou du moins on l'affaiblit ensuite dans l'action. »

« Il ne faut point chercher Dieu loin de nous, dit-il dans un autre endroit de son journal, puisqu'il est auprès de nous. Il ne faut point le chercher avec effort, puisque nous le pouvons trouver sans effort. Il ne faut point le chercher par notre action, puisqu'il est avec nous indépendamment de notre action. Il ne faut point chercher à le sentir ni lui ni son opération, puisqu'il est un pur esprit, et que ni lui ni son opération ne sont sensibles. Il ne faut pas même le chercher, mais il faut nous persuader qu'il nous a trouvés. Et ainsi, au lieu de nous occuper ou à le chercher, ou à le sentir, ou à faire des efforts et des actes, supposant qu'il nous a trouvés, et de la façon qu'il nous veut, c'est-à-dire sans propre volonté, nous de toutes les choses créées et de nous-mêmes, résignés entre ses mains, abandonnés à sa conduite et anéantis en nous-mêmes, afin qu'il opère en nous et par nous selon son bon plaisir, tenons notre esprit dans cette persuasion, et notre cœur dans cette disposition : de cette manière nous demeurerons constamment dans une profonde paix. »

Il lui communique le don d'oraison. — Il le fait passer par des épreuves extraordinaires.

Enfin, la troisième année après son second noviciat, comme nous l'avons déjà dit, il fut mis dans cet état que les mystiques appellent passif, et il obtint ce don d'oraison infuse et de présence de Dieu surnaturelle qu'il avait tant désirée. Elle lui fut communiquée dans une vision intellectuelle qu'il eut de l'union de l'humanité de Jésus-Christ avec sa divinité. Jamais depuis ce temps-là il ne l'a perdue, et quoiqu'elle fût purement spirituelle, ses effets étaient fort sensibles. Elle l'éclairait, le consolait, l'affermissait dans la crainte des jugements de Dieu, et lui était une source de mille bénédictions. Elle fut son principal soutien dans cette furieuse tentation de désespoir qui le tourmenta six ans. Il se croyait être du nombre des réprouvés, et il assurait que si Jésus-Christ eût déjà prononcé l'arrêt de sa damnation, et qu'il eût vu l'enfer ouvert et prêt à l'engloutir, il n'eût presque pas été plus persuadé de sa perte éternelle. Cependant il ne relâcha rien de ses exercices ordinaires de piété, ni de ses fonctions de zèle pour le salut des âmes.

Il le comble de faveurs singulières.

Après cette épreuve Dieu le combla de ses faveurs les plus extraordinaires. Il avait souvent des ravissements intérieurs où le Saint-Esprit allumait dans son cœur un si grand fruit d'amour divin, que quand il en était revenu, il embrassait les personnes qui avaient le bonheur de l'approcher.

Ses extases.

Souvent ces opérations de la grâce éclataient au dehors. Les ursulines de Ploermel m'ont assuré que dans les exhortations qu'il leur faisait, il lui arrivait assez souvent d'être si pénétré de l'onction intérieure du Saint-Esprit, qu'il en demeurait pendant quelque temps tout hors de lui-même sans pouvoir parler, comme un homme ravi en Dieu. Après quoi il continuait son discours, tout confus de ce qu'il avait paru en lui quelque chose d'extraordinaire.

Deux de ses missionnaires, M. Lestoré et M. de Kersanson, nous ont témoigné que pendant la mission qu'il fit à Radenac, au diocèse de Vannes, l'an 1646, ils le virent un jour ravi en extase comme il faisait son action de grâces après la messe ; qu'un d'eux voulant lui parler, le tira fortement, mais sans le pouvoir faire revenir à lui, étant immobile comme une statue ; et que ce ravissement dura près d'une heure.

Il brûle et languit de l'amour divin.

Sur la fin de sa vie, les assauts de l'amour divin l'affaiblissaient tellement qu'il ne se pouvait soutenir. J'ai appris d'un prêtre fort sage et fort vertueux, qui l'avait accompagné dans plusieurs missions, et pour lequel il avait une grande ouverture de cœur, que l'étant venu voir quelques années avant sa mort lorsqu'il faisait bâtir son séminaire , et voyant qu'il ne se pouvait soutenir sans être appuyé contre la muraille, il lui demanda s'il se trouvait mal. A quoi le Père lui répondit qu'il n'avait que ses infirmités ordinaires, mais qu'il portait au fond de l'âme un trait de l'amour divin qu'il ne pouvait supporter.

Il dit un jour à celui de nos Pères (Le P. Vincent Huby) avec lequel il eut une plus étroite familiarité , que s'il se fût laissé aller à cette douce langueur, il eût été sans cesse couché sur son lit ; mais qu'il se faisait violence pour pouvoir agir dans le service du prochain. Et dans sa dernière maladie , il avoua au même Père que s'il ne se fût contraint , il n'eût fait que pleurer d'amour pour un Dieu que l'amour a fait mourir pour le salut des hommes.

§. IV. *Sa fidélité à user des dons du Saint-Esprit.*

« Ce fut sa fidélité à suivre la conduite du Saint-Esprit qui l'éleva à cette sublime oraison, et cette oraison réciproquement l'établit de telle sorte dans la conduite du Saint-Esprit, qu'il n'agissait plus que par son mouvement. De là venait que tous ses desseins et toutes ses entreprises lui réussissaient à la gloire de Dieu , n'étant pas de lui, mais du Saint-Esprit, qui se servait de lui comme de son instrument pour les exécuter. Au contraire, ce qui fait que parmi les savants il ne s'en trouve que si peu qui touchent les cœurs et qui fassent du fruit dans les âmes , c'est qu'ils agissent trop par eux-mêmes , et ne se laissent pas assez mouvoir par le Saint-Esprit. Il s'appuient plus sur leurs lumières et leurs propres inventions , sur leur adresse et la force de leurs raisonnements , et sur les autres moyens que la prudence humaine leur suggère, que sur les lumières et l'assistance de l'Esprit de Dieu.

Il possède éminemment les dons du Saint-Esprit.

Le Saint-Esprit, qui ne demande qu'à se communiquer quand il rencontre des âmes bien disposées, trouvant de si belles dispositions dans celle du P. Rigoleuc , l'enrichit de ses dons avec une profusion dont il n'use qu'envers fort peu de personnes.

Le don de crainte.

Le don de crainte, qui est la base de tous les autres, et le fondement de l'édifice spirituel, fut celui qui parut le plus sensiblement dans sa conduite. Il semble que le Saint-Esprit prit plaisir à le conduire par une vie de crainte, et à lui découvrir les objets de la foi par des lumières capables de lui jeter la terreur dans le cœur.

La connaissance de son néant et de ses misères , la considération de la grandeur et de la majesté de Dieu , la pensée de la rigueur de ses jugements le tenaient dans un tremblement continuel. Non-seulement il était lui-même effrayé de la vue des vérités éternelles , mais quand il les représentait aux autres, soit dans ses prédications , soit dans ses entretiens particuliers, paraissant accablé du poids de l'impression qu'il en ressentait, il en faisait une si puissante sur ses auditeurs, qu'il n'y avait point de cœur qui n'en demeurât épouvanté. Mais de tous les motifs de crainte, celui qui le touchait le plus , était la sainteté de Dieu et son opposition infinie avec les moindres taches du péché. La vue pénétrante qu'il avait de cette pureté incréée le portait à veiller sans cesse sur lui-même pour éviter les plus petites fautes, et suivre avec la dernière exactitude tous les mouvements de la grâce.

Le don de force.

Le don de force l'animait dans ses entreprises et dans les travaux de son zèle, et le soutenait dans les peines d'esprit et dans ses infirmités corporelles. En effet sans un secours extraordinaire du Saint-Esprit, il n'eût pu travailler infatigablement comme il faisait, étant sujet à de fréquentes maladies, et à de continuelles infirmités. Pendant qu'il se porta bien, et depuis que sa santé fut ruinée, il fit toujours paraître la même ferveur pour le travail. Jamais il ne s'excusait d'aucun emploi sous prétexte de ses indispositions ; et dans l'intervalle de ses missions, au lieu de chercher du repos, si quelqu'un des régents venait à tomber malade, comme il arrivait souvent, il s'offrait volontiers à prendre sa place, et il suppléait à la classe avec une application qui édifiait tout le monde.

Le don piété.

Nous avons dit que dès son enfance il fut prévenu d'une singulière piété. Il en donnait des marques dans toutes les occasions qui concernait les intérêts de Dieu et ceux du prochain.

Il avait le cœur naturellement bienfaisant, tendre et plein de compassion pour les autres, et si reconnaissant qu'on pouvait s'assurer de l'avoir gagné pour toujours quand on l'avait une fois obligé. Mais la grâce ayant perfectionné cette piété naturelle envers le prochain par la considération de son alliance avec le Fils de Dieu, il n'envisageait le prochain qu'en Jésus-Christ; et dans cette vue il était sensible à tout ce qui regardait les autres, par une impression de la même tendresse qu'il ressentait pour Notre-Seigneur.

Son amour pour Notre-Seigneur.

Il l'aimait si ardemment qu'il ne pensait qu'à l'honorer, et à le faire aimer et honorer de tout le monde. Le petit traité qu'il a composé des exercices de l'amour du Verbe incarné, témoigne qu'il n'avait que Jésus-Christ en vue, et qu'il rapportait à Jésus-Christ toute la vie mystique.

Avant qu'il fût élevé à l'état passif, il se servait de deux considérations pour s'exciter à réciter dévotement l'office divin. La première, qu'il était l'agent de tous les hommes pour traiter avec Dieu de leur salut. La seconde, qu'il était le substitut de Jésus-Christ pour honorer et louer Dieu son Père. Cette dernière pensée le touchait le plus, et la disposition ordinaire où il se mettait pour paraître devant Dieu dans l'oraison, était de se présenter à lui, ou comme ministre et député de Jésus-Christ, agissant en son nom, ou comme son allié et son frère, ayant droit à ses mérites, ou comme membre de son Corps mystique, étant animé de son esprit. Il enflammait sa ferveur par ses considérations, et lorsqu'il demandait à Dieu quelque grâce, ces motifs étaient le principal appui de sa confiance.

Quand il s'était ainsi revêtu de Jésus-Christ pour aller à l'autel, et qu'il s'était uni à lui et comme prêtre et comme victime d'un même sacrifice, il se croyait en quelque manière tout-puissant. Ainsi, ayant été un jour appelé pour assister à la mort un gentilhomme que l'on ne pouvait réduire au devoir d'un bon chrétien, et n'ayant pu rien gagner sur ce cœur endurci que rien n'était capable de toucher, au lieu de s'arrêter à lui parler inutilement, il eut recours selon sa coutume à la victime adorable de nos autels, et après la messe il trouva son malade tout changé et prêt à faire tout ce qu'il voulut.

C'était de l'intérêt du Sauveur qu'il tirait le grand motif de son zèle pour le salut des âmes ; et lorsqu'il venait à considérer d'une part, les richesses et les trésors immenses que les hommes possèdent en Jésus-Christ, et de l'autre, le peu d'avantage que la plupart en tirent, cette réflexion lui touchait sensiblement le cœur. Il s'affligeait, comme il le dit lui-même, de ce que la rédemption du Sauveur étant si abondante, il n'y ait que si peu de personnes qui s'en appliquent le fruit. Jetant les yeux sur tous les siècles qui se sont écoulés depuis le commencement de l'Église jusqu'à présent, étendant sa vue sur toutes les nations de la terre, il était inconsolablement affligé du voir un si grand vide de salut, dans une aussi grande abondance qu'est celle de la grâce du Sauveur. Cette considération l'obligeait de s'employer de toutes ses forces à gagner des âmes à Jésus-Christ.

Il voulait que ceux qui font une profession spéciale de l'aimer, ne se contentassent pas de simples tendresses affectueuses, mais qu'ils lui donnassent dans les rencontres des preuves effectives de leur amour et de leur fidélité. Il en exigeait trois en particulier des personnes qu'il conduisait. La première, de renoncer inviolablement à toutes les attaches, les tendresses, et les complaisances purement humaines qu'ils pourraient avoir pour les créatures, afin de rendre à Jésus-Christ leur cœur dans la pureté de leur régénération spirituelle. La deuxième, de ne jamais rien faire avec vue contre la pureté de son amour et les intérêts de sa gloire, obéissant exactement jusqu'aux plus petits mouvements de la grâce. La troisième, de faire tout le bien auquel son saint Esprit les porterait, suivant fidèlement les connaissances qu'il leur donnerait, embrassant toutes les occasions qu'il leur présenterait, et remplissant tous ses desseins dans toute leur étendue. Ce qu'il recommandait tant aux autres, c'est ce qu'il pratiquait lui-même avec une parfaite exactitude.

Sa dévotion pour la sainte Vierge et pour saint Joseph.

Après le Fils de Dieu, sa sainte Mère était le plus cher objet de sa piété. Il en conçut les premiers sentiments dès son plus jeune âge, et cette dévotion prit toujours depuis de nouveaux accroissements dans son cœur. C'était à la sainte Vierge qu'il se tenait obligé de sa vocation religieuse, du don de chasteté qu'il avait reçu de Dieu, du succès de ses études et de sa régence, de ses missions et de toutes ses entreprises. Il mettait sous sa protection tous les desseins qu'il formait, soit pour sa propre perfection, soit pour le service du prochain. Elle était son asile, sa confiance, et sa principale consolation après le saint sacrement. Les belles pensées qu'il faisait réciter à sa louange étant régent, les fréquentes messes qu'il disait pour demander la propagation de son culte, l'ardeur qu'il témoignait pour attirer tout le monde à son service, l'estime et l'affection qu'il faisait paraître pour son rosaire et son saint scapulaire, le jeûne du samedi qu'il observa religieusement pendant quelques années, sont autant de preuves de son amour pour elle.

Cet amour était tout spirituel, et pour en concevoir une juste idée il faudrait être élevé au même degré de la vie intérieure qu'il était. Il se proposait l'intérieur de la sainte Vierge comme le modèle sur lequel il devait régler le sien, et il jetait souvent les yeux dessus, comme sur un miroir qui lui découvrait les taches de son âme, et qui lui apprenait à en composer tous les mouvements.

On a su par une voie que l'on peut sûrement croire, qui venait de Dieu, que c'est par la sainte Vierge qu'il reçut toutes les grâces extraordinaires dont il fut favorisé ; qu'elle régla son imagination pour la disposer à l'oraison de simple quiétude ; que dans le temps de ses grandes peines elle le soutint d'une manière merveilleuse ; qu'elle lui obtint cette patience invincible, et cette égalité constante qu'il faisait paraître dans ses souffrances.

Il joignit à la dévotion de Notre-Dame celle de saint Joseph, témoignant un zèle tout particulier pour le faire honorer par les personnes sur qui ses emplois lui donnaient quelque sorte d'autorité.

Le don de conseil.

Le don de conseil que le Saint-Esprit lui avait communiqué, lui servait également pour se conduire lui-même dans les voies du salut et de la perfection, et pour y conduire les autres.

Quant à ce qui le touchait, il gardait inviolablement cette maxime, qu'en ce qui dépendait de sa liberté il choisissait toujours le plus parfait , selon que Dieu le lui faisait connaître; et lorsqu'il avait une fois pris son parti, jamais depuis il ne prenait le change.

On était si persuadé de sa prudence , qu'on s'adressait à lui de tous côtés pour le consulter sur les cas de conscience, et sur la conduite des âmes. Ses décisions étaient fort sûres , et il ne se pouvait rien dire de plus net , de plus précis, ni de plus sensé.

Les personnes même du premier ordre lui demandaient son avis dans leurs plus importantes affaires, et plusieurs désiraient qu'il les assistàt à l'heure de la mort. Madame la marquise d'Asserac fut de ce nombre , et le Père lui inspira de si humbles sentiments de pénitence , qu'elle voulut mourir la corde au cou comme une criminelle qui allant paraître devant son juge , espérait de le fléchir par cette posture humilante, et de l'obliger à lui prononcer un arrêt de miséricorde pour l'éternité.

Monseigneur Sébastien de Rosmadec, évêque de Vannes, s'étant confessé dans sa dernière maladie à un homme de grand mérite , ne fut point néanmoins content qu'il n'eût encore fait une confession générale au P. Rigoleuc. Ce Père la lui fit faire , comme il avait accoutumé en de pareilles occasions , c'est-à-dire avec des recherches et des dispositions extraordinaires. Elle dura plusieurs jours. Ce prélat parut extrêmement touché , fonda des catéchismes dans les paroisses , dont les gros fruits appartiennent à l'évêque, et ordonna diverses bonnes œuvres tant de justice que de charité, jusqu'à la somme de quarante mille livres.

Les dons de science , d'intelligence et de sagesse.

Pour juger avec quel avantage le P. Rigoleuc posséda les autres dons du Saint-Esprit, il ne faut que lire ses écrits , que l'on trouvera tout remplis de la science qui fait les Saints , de la force et de la pénétration que l'intelligence des vérités éternelles donne à l'esprit , et de l'onction que la divine sagesse répand dans les cœurs. Ces lumières , cette force si pénétrante , et cette onction se communiquaient à ses paroles avec des effets merveilleux , lorsqu'en public ou en particulier il parlait de Dieu et des choses divines.

CHAPITRE IX.

Son dessein de bâtir un séminaire.

Il entreprend de bâtir un séminaire pour y élever les jeunes gens qui se destinaient à l'état ecclésiastique.

Il était fort infirme, et menacé d'apoplexie depuis plusieurs années , et cependant il continuait encore à travailler au-dessus de ses forces. Sa dernière entreprise fut pour la chose du monde qu'il avait le plus à cœur, savoir, l'établissement d'un séminaire , où les jeunes écoliers qui se destinent à l'Église fussent élevés de bonne heure dans l'étude des lettres et de la piété, sous la conduite des Pères du collége de Vannes. Ce dessein ayant été d'abord agréé de l'évêque, le Père en commença l'exécution avec le secours de quelques-uns de ses amis touchés du même zèle. Ceux-ci fournirent à la dépense, et lui de son côté donna ses soins à cet ouvrage avec une application qui le faisait descendre dans le détail des moindres choses qui regardent l'économie, comme les séculiers les plus intérressés ont accoutumé de faire, jusque-là que des personnes qui l'avaient toujours connu comme un homme tout intérieur et fort éloigné du soin des choses temporelles, étaient surprises de le voir alors devenu si grand ménager, ne pénétrant pas le motif qui le faisait agir de la sorte. Mais avant que le bâtiment fût achevé, il plut à Dieu de l'appeler de la terre au ciel, pour lui donner la récompense de ses travaux. S'il n'eut pas sur la terre la consolation de voir son séminaire bâti, il eut dans le ciel la joie d'apprendre qu'il était destiné par Dieu à un autre dessein plus étendu, et plus utile à l'Église que celui qu'il s'était proposé. Il n'avait pensé qu'à instruire un petit nombre de jeunes ecclésiastiques, et Dieu voulait que son ouvrage servit à la réformation des mœurs du clergé, de la noblesse et de tous les états non-seulement du diocèse, mais encore de toute la province. Voici de quelle manière la providence divine fit réussir son dessein.

Elle permit qu'après que le bâtiment fut achevé, le prélat, changeant de pensée, refusât absolument de consentir que cette maison servît de séminaire selon le projet que l'on avait formé. On eut beau lui représenter qu'il était fâcheux qu'une telle dépense qui n'avait été faite qu'avec son agrément demeurât inutile : il fut toujours inflexible, quelque considération qu'il eût, soit pour la mémoire du P. Rigoleuc, soit pour le mérite de ceux que ce Père avait laissés en mourant héritiers de son zèle.

Ce séminaire est changé en une maison pour les retraites, qui s'y font avec un concours prodigieux.

Dans l'embarras où ceux-ci se trouvèrent, presque tout le monde blâmant alors leur entreprise, comme c'est l'ordinaire que l'on juge des choses par le succès, Dieu leur donna la pensée, en attendant que l'on pût gagner l'esprit de l'évêque, d'employer quelques chambres du nouveau bâtiment à loger les personnes qui se présentaient de temps en temps pour faire les exercices de saint Ignace dans le collége de Vannes. On en invita donc d'abord quelques-unes à se joindre ensemble à certains jours qu'on leur marquait pour faire la retraite. Au commencement il n'y en venait que quatre ou cinq à la fois, puis dix et douze, et ainsi peu à peu le nombre croissant, et le ciel versant ses bénédictions sur ces retraites, on crut qu'elles pourraient être à la fin si fréquentes et si nombreuses, qu'il s'y en ferait assez pour destiner uniquement la maison à ce saint exercice. En quoi le succès a non-seulement répondu à l'attente que l'on avait conçue, mais l'a encore de beaucoup surpassée, cette maison étant devenue en effet un séminaire de retraites. On y en fait seize par an. Le concours des personnes qui y viennent des diocèses même les plus éloignés, est si grand que l'on y en compte tous les ans plus de deux mille, partie ecclésiastiques et partie laïques de toute condition; et les fruits sont si merveilleux, qu'on peut dire de cette maison de bénédiction ce que M. Vincent de Paul, le saint fondateur des prêtres de la Mission, disait de celle de Saint-Lazare, « que Dieu l'a choisie pour être un théâtre de ses miséricordes, où le Saint-Esprit fait une des-

cente continuelle sur les âmes de ceux qui viennent y faire des retraites. »

C'est ce qui a donné occasion à de pareils éta-
blissements qui se sont faits avec le même succès
dans nos colléges de Quimper, de Rennes, de
Douai, dans notre maison de Nantes, dans notre noviciat de Paris, et dans celui d'Avignon.

Mais comme l'on a fait imprimer depuis peu
un petit livre qui explique la conduite qui se
garde dans les deux maisons de retraite de Vannes, savoir, dans celle des hommes, et dans celle
des femmes, qui n'est pas moins fréquentée que
l'autre, je ne m'étendrai pas davantage sur ce
sujet. Il me suffit d'avoir remarqué que c'est le
P. Rigoleuc qui a jeté les fondements de l'édifice
que Dieu destinait à cet excellent ouvrage, et
que l'on peut attribuer à ses mérites et à ses
prières la bénédiction que le ciel à donnée à
cette entreprise si utile au salut des âmes.

Sa dernière maladie, et sa mort.

Il y travaillait actuellement, lorsqu'une fausse
pleurésie l'attaqua au commencement du mois
de février, et au bout de trois semaines elle lui
ôta la vie.

●●●●●●●●●●●●●●●●●●●●●●●●●●●●●●●●●●●●●●●

CHAPITRE X.

Sa dernière maladie et sa mort.

Comme il eut un pressentiment de sa mort, il
pensa d'abord à s'y disposer de la manière qu'il
s'était prescrite dès son second noviciat, et que
nous avons rapportée ci-dessus.

J'ai su de son confesseur, le P. Vincent Hubi,

que dès que son mal parut dangereux, il voulut faire un confession générale de toute sa vie, et la fit à plusieurs reprises. La méthode qu'il garda pour la faire avec plus d'ordre et de contrition fut de diviser les péchés de sa vie en plusieurs espèces ; et se confessant tous les jours à son ordinaire des péchés de l'état présent, il ajoutait un jour une espèce des péchés du passé, le jour suivant une autre espèce, le troisième jour encore une autre ; ce qu'il continua ainsi durant toute une semaine.

Quinze jours avant sa mort, comme il était depuis trois jours fort inquiété de l'appréhension des jugements de Dieu, Notre-Seigneur lui fit la grâce de le consoler dans cette peine par une voix intérieure qui, venant, ce lui semblait, comme de bien loin, lui dit clairement et distinctement ces paroles : *Ridebis in die novissimo. Votre dernier jour sera pour vous un jour de réjouissance.* Et à l'instant toute sa crainte se dissipa, et son esprit se trouva calme et dans une douce assurance de son salut. Il raconta cette faveur à son confesseur, lorsqu'il vint à l'heure accoutumée pour entendre sa confession ; et parce qu'il ne comptait pas beaucoup sur ces sortes de grâces qui peuvent être trompeuses, et qu'il s'appuyait uniquement sur la conduite de la foi, il lui ajouta ces belles paroles de saint Pierre : *Et habemus firmiorem propheticum sermonem, cui benefacitis attendentes.* (2. Petr.) *Mais nous avons les oracles des prophètes, dont la certitude est plus affermie, auxquels vous faites bien de vous arrêter.* Ainsi, mon Père, dit-il, continuons notre confession générale, comme nous faisions auparavant.

Après qu'elle fut achevée il reçut les autres sacrements avec de grands sentiments de piété, de contrition et d'humilité, qui l'accompagnèrent jusqu'au dernier soupir.

J'ai appris d'un des Pères qui fut le plus assidu auprès de lui pendant les derniers jours de sa vie, le P. Jean Hai de la Motte, qu'il le priait de temps en temps de lui faire produire, comme l'on ferait à un enfant, les actes des vertus chrétiennes, d'autant plus, disait-il, qu'il avait besoin de cette assistance comme un enfant.

Une si rare humilité méritait un secours extraordinaire du ciel. Ce fut de la sainte Vierge qu'il le reçut, comme nous l'avons appris par une révélation, que nous jugeons être du nombre de celles auxquelles on peut sûrement ajouter foi. Cette Mère de grâce qui lui avait fait tant de faveurs pendant le cours de sa vie, voulut y mettre le comble au moment de sa mort. Elle lui apparut dans une vision intellectuelle qui le remplit de joie ; et dans l'excès de cette consolation, son âme, se détachant de son corps, suivit sa chère maîtresse dans le séjour des bienheureux, n'ayant plus de taches à expier dans le purgatoire, ainsi qu'il fut montré à la personne qui eut la révélation dont nous parlons.

Il mourut à Vannes le 27 février l'an 1658, 41 an et quelques mois après son entrée en la compagnie, et le 63ᵉ de son âge.

CHAPITRE XI.

Témoignages de sa piété après sa mort.

Concours du peuple à ses obséques.

Ses obsèques furent honorées du concours de toute la ville. Chacun voulait avoir de ses reliques. Les uns demandaient de ses habits, d'autres du linge trempé dans son sang. La plupart faisaient toucher leurs chapelets à son corps. On lui coupa presque tous ses cheveux. Lorsqu'on eut descendu le corps dans la fosse , et qu'on fut sur le point de lui couvrir le visage, il fallut différer quelque temps pour contenter la la piété du peuple, qui ne se pouvait lasser de le regarder.

Ses missions ont continué jusqu'à présent par le zèle de ses enfants spirituels.

Il laissa en mourant son héritage à ses enfants, je veux dire l'esprit et le zèle des missions aux ecclésiastiques qu'il avait formés de sa main. Ces fervents ouvriers ont toujours continué depuis sa mort jusqu'à présent de travailler à la conquête des âmes. Ceux qu'il avait formés en ont formé d'autres , en si grand nombre qu'il y en a d'ordinaire de 40 à 50 qui prêchent le Carême en diverses stations du diocèse ; et quelquefois il se fait en même temps par les seuls ecclésiastiques deux missions chacune de 15 à 20 prêtres , l'une dans le quartier où l'on ne parle que breton, l'autre dans celui où l'on parle français. Quant à son zèle pour l'instruction des prê-

4*

tres , le P. François le Grand , religieux fort capable et fort spirituel , lui succéda dans cet emploi, et pour y mieux réussir , il établit au collége de Quimper une congrégation d'ecclésiastiques qui a produit dans la Basse-Bretagne , les mêmes fruits que celle que le P. François Pavoni, l'un de nos plus grands hommes d'Italie, avait établie à Naples , et qui remplit tout le royaume d'excellents ecclésiastiques.

Révélations de la gloire dont son âme jouit au ciel.

Plusieurs personnes ont eu des connaissances surnaturelles de la gloire dont cet humble serviteur de Dieu jouit dans le ciel. Dès son vivant, Marie de Sainte Barbe, cette sainte ursuline dont nous avons déjà parlé , le vit un jour dans un éminent degré de gloire, et Dieu lui ajouta : *Voilà la place qu'il aura dans le ciel, s'il persévère.*

Il apparaît en songe à la mère Marie de la Sainte-Trinité, ursuline.

Quelque temps après sa mort, la mère Marie de la Sainte-Trinité, l'une de ses plus chères filles spirituelles, qui a été souvent Supérieure des ursulines de Ploermel, le vit avec des marques de gloire dans un songe dont les particularités et les effets peuvent faire juger qu'il ne venait pas d'une cause purement naturelle. «Une nuit , dit-elle, que j'avais été obligée de veiller jusqu'à environ deux heures après minuit, m'étant endormie d'un sommeil fort doux et tranquille, il me sembla voir entrer le P. Rigoleuc dans une grande chambre où je m'imaginais être , roulant dans mon esprit des pensées d'inquiétude touchant certaines choses temporelles que j'appréhendais. Son visage brillait d'un éclat et d'une majesté qui m'invitait à le regarder avec un profond respect, et me jetant un coup d'œil sévère il me dit d'un ton de voix élevé : A quoi pensez-vous ? je lui déclarai le sujet de mes pensées. Sur quoi, s'animant de zèle, il me commanda de me mettre à genoux pour l'écouter, et puis il me représenta fortement que la pureté d'un Dieu ne pouvait supporter des pensées pareilles à celles dont je m'embarrassais ; que je manquais de fidélité pour ma perfection particulièrement en trois choses : la première, à éviter l'occasion de parler au temps du silence; la seconde, à chasser les inquiétudes qui m'arrivent pour ce qui regarde le temporel de la maison ; la troisième, à me tenir appliquée à Dieu dans l'oraison ; que je donnais entrée dans mon esprit à mille objets qui se présentaient, et que j'entretenais par ma lâcheté ce qui souillait extrêmement mon âme. Il ajouta en haussant la voix : Pauvre fille, à quoi pensez-vous ? le temps est si court ! Paroles qu'il répéta par trois ou quatre fois. Je me jetais à ses pieds toute confuse; et comme je voulais ouvrir la bouche pour excuser ma faiblesse, il m'ordonna de me taire, et levant une baguette qu'il tenait en sa main comme pour me frapper : Je verrai, dit-il, si vous profiterez de ma réprimande, et si vous y manquez je reviendrai, et je vous frapperai de telle sorte que vous vous en souviendrez. Ensuite il disparut sans me dire un seul mot de consolation. »

Voilà ce qu'écrit cette sage et vertueuse fille, qui me racontant la même vision plusieurs années après, ajouta que quoiqu'elle ne l'eût eue qu'en songe, elle en avait ressenti le même effet que les grâces du ciel ont accoutumé d'opérer. Et pour moi qui ai parfaitement connu la solidité de son esprit, la droiture de son cœur, et sa grande expérience dans les choses spirituelles, je défère beaucoup à son témoignage et à son sentiment.

Il apparaît en état de gloire au P. Joseph Poncet, illustre missionnaire de la compagnie de Jésus.

Le P. Joseph Poncet me dit un jour, pendant que nous demeurions ensemble à Quimper, qu'il savait une personne fort accoutumée à recevoir des visites du ciel, qui en avait reçu depuis peu une signalée du saint enfant Jésus et de sa sainte Mère, accompagnés de saint Joseph et de plusieurs autres Saints, entre lesquels étaient le P. Rigoleuc et le P. Caussin ; que ces deux Pères étaient encore apparus diverses fois à la même personne, et l'avaient entretenue familièrement, de sorte qu'il ne doutait point qu'ils ne fussent au rang des bienheureux. J'ai depuis trouvé à la Martinique, où le P. Poncet a glorieusement fini la course de ses travaux apostoliques, un écrit de sa propre main où il marquait expressément que c'était à lui-même que ces visites du ciel avaient été rendues dans l'abbaye de la Joie, en Basse-Bretagne. Ceux qui l'auront connu n'auront pas de peine à se persuader de la vérité de ses révélations. C'était un esprit excellent, un homme héroïque, un prodige de mortification. Je puis assurer que je n'ai encore vu personne en qui j'aie reconnu de plus sensibles marques de sainteté qu'en lui, une foi plus vive, une piété plus tendre, une simplicité plus évangélique, une humilité plus profonde, un si rare don d'oraison, un plus grand désintéressement, et un zèle plus ardent et plus infatigable. Dieu l'avait prévenu dès le berceau de ses grâces les plus extraordinaires ; et pendant tout le cours de sa vie, Notre-Seigneur, la sainte Vierge, les Anges et les Saints le visitaient si souvent, et traitaient si familièrement avec lui, qu'on peut dire que sa conversation était plus dans le ciel que sur la terre. Notre-Dame lui fit des caresses et des faveurs, qui égalent ou qui surpassent tout ce que nous en lisons dans les vies de ses plus illustres favoris. Il ne respirait que le martyre, et Notre-Seigneur lui avait fait la grâce de souffrir des travaux incroyables, et la mutilation d'un de ses doigts dans le Canada, dont il fut un des premiers missionnaires. Il mourut le 18 juin, l'an 1675, le 65e de son âge et le 45e depuis son entrée en la Compagnie.

Il apparaît à un vertueux prêtre de ses disciples.

Voici encore un témoin irréprochable de la gloire du P. Rigoleuc. C'est un prêtre de ses disciples nommé Jean Kermen. Le Père avait pris un grand soin de sa conduite pendant ses études, et au commencement de sa prêtrise. Il était alors de la congrégation de la sainte Vierge, et il avait fait d'heureux progrès dans les lettres et dans la piété. Mais depuis, étant allé demeurer en son pays, il s'y laissa entraîner insensiblement dans le désordre, et il passa presque neuf ans dans ce misérable état.

Comme sa conscience ne lui donnait point de repos, il allait de tous côtés, à Vannes, à Quimper, à Rennes, et il s'adressait à toutes sortes de religieux pour faire des confessions générales ; mais sans autre effet que d'en remporter de nouveaux remords de conscience, parce qu'il ne quittait pas l'occasion du péché.

Parmi tous ses désordres, il avait toujours conservé une affection particulière pour la sainte Vierge, et il avait souvent ressenti des effets miraculeux de sa protection. Un jour, disant la messe dans une de ses chapelles qu'il servait, après la consécration, Dieu lui ouvrit les yeux pour lui faire voir l'énormité de ses crimes. Il en fut si pénétré qu'il lui semblait que Jésus-Christ allait prononcer l'arrêt de sa damnation, et que l'enfer était prêt de l'engloutir. Il eut recours à son asile ordinaire, l'avocate des pécheurs, et forma tout de bon le dessein de changer de vie. Mais ce qui acheva entièrement sa conversion, fut une retraite qu'il fit à Vannes au mois de juillet de l'an 1663. Ce fut là qu'après d'étranges peines intérieures qu'il souffrit pendant les premiers jours, après de furieuses tentations qu'il surmonta avec le secours de la Mère de Dieu, un jour, étant en prières devant son image, et la conjurant les larmes aux yeux de lui obtenir la grâce de ne plus retomber dans ses déréglements ordinaires, il vit sensiblement cette Mère de miséricorde qui présentait sa requête à son Fils. Ensuite la petite chambre où il était lui parut toute noire, et un moment après, un jésuite qu'il connut être le P. Rigoleuc ayant tiré comme un rideau, il vit descendre quatre chérubins avec des flambeaux allumés, et puis une infinité de Saints et de Saintes d'une beauté inconcevable, comme si tout le ciel fût descendu dans sa cellule. Il se sentit investi et tout pénétré d'un feu lumineux et brûlant comme un soleil; et il demeura plusieurs heures dans ce ravissement.

Depuis ce temps-là il fut changé en un autre homme. Il n'aima plus que la solitude et la pénitence. Il pratiqua de grandes austérités. Il fut

élevé à une sublime contemplation, où les extases lui étaient fréquentes. Il se dévoua tout au
zèle des âmes et aux travaux des missions ; et
dans toutes les rudes épreuves par où Dieu le fit
passer, il témoigna toujours une merveilleuse
constance. Il avait une grâce toute particulière
pour découvrir et convertir ces malheureuses
âmes qui ont un commerce secret avec les démons. Il recevait sans cesse des visites et des faveurs extraordinaires de Notre-Seigneur, de
Notre-Dame, et de plusieurs Saints. Un feu divin et délicieux le consumait, et les choses de
l'autre vie lui étaient devenues si sensibles par
sa propre expérience, qu'il ne marchait plus,
disait-il, dans les ténèbres de la foi, étant déjà,
ce lui semblait, dans la lumière des bienheureux.

Enfin, après quelques années d'une vie si pleine
de vertus et de mérites, il mourut saintement
en la paroisse de Caudan, au diocèse de Vannes,
le 17 d'octobre, l'an...

Plusieurs personnes ont obtenu des grâces
particulières qu'elles demandaient par l'intercession du P. Rigoleuc ; et plusieurs venant prier
sur son tombeau, ont éprouvé dans leurs besoins sa faveur auprès de Dieu. Une fort bonne
religieuse nous a dit que se trouvant un jour
travaillée d'un si furieux mal de dents qu'elle
ne savait en quelle posture se tenir, elle se sentit portée à mettre par écrit quelques remarques
de la vie du P. Rigoleuc, et qu'à l'instant sa douleur cessa.

L'estime est la vénération qu'ont eues pour lui les personnes les plus considérables qui l'ont connu.

Tous ceux qui l'ont connu, l'ont eu en une
singulière vénération, principalement les prêtres

qui avaient le plus d'habitude avec lui, les âmes intérieures qui conféraient avec lui des choses spirituelles, ses Supérieurs, et les prélats dans les diocèses desquels il travailla.

Monseigneur Charles de Rosmadec, évêque de Vannes, quand on lui porta la nouvelle de sa mort, en parut touché jusqu'aux larmes ; et depuis, toutes les fois qu'on lui en parlait, il témoignait hautement sa douleur de la perte qu'avait faite le diocèse.

Le P. Jean de la Court, homme d'un rare mérite et d'une perfection éminente, que j'ai dessein de faire connaître par un petit recueil de sa vie et de ses écrits, était recteur du collége de Vannes, lorsque le P. Rigoleuc y vint demeurer. Il disait que le ciel lui avait donné un trésor en lui envoyant ce Père, et il n'en parlait qn'avec éloge.

Un de ses Supérieurs avec lequel il a eu le plus de communication, et qui a le mieux connu et le plus estimé sa vertu et sa grande intelligence dans les choses spirituelles, a été le P. Simon de l'Essau, qui était lui-même un homme des plus éclairés dans la vie mystique, et si possédé de l'amour de Dieu, qu'il en brûlait d'un feu sensible, dont l'ardeur lui causait souvent la fièvre et l'empêchait de dormir.

Mais celui qui parlait du P. Rigoleuc avec le plus d'estime, était le P. Barthélemy de Fumechon. Il disait hautement qu'avant qu'il eût eu le bien de vivre et de converser avec lui, il n'avait qu'une connaissance grossière de la vie intérieure ; mais que pendant l'année qu'ils demeurèrent ensemble à Orléans, il apprit dans les conversations familières qu'il eut avec lui, en quoi consiste la vraie spiritualité. De quoi il se tenait obligé envers Dieu, comme d'une des plus grandes faveurs qu'il en eût reçues.

Ce Père était un homme de grand mérite. Il avait l'esprit éminent, une grande disposition pour toutes les sciences, une rare connaissance des langues savantes et de la langue sainte, un talent extraordinaire pour les controverses, une humeur aimable et insinuante, une douceur qui gagnait tout le monde, et surtout les hérétiques, une tendresse de conscience qui allait jusqu'au scrupule, et une si grande exactitude pour la charité du prochain et pour l'observation des règles, qu'on ne lui entendit jamais dire la moindre chose au désavantage de personne, et qu'on ne le vit jamais rompre aucune de ses règles, pas même celle du silence pendant 29 ans qu'il passa dans la Compagnie. Il y était entré fort jeune, n'ayant pas plus de 17 à 18 ans, et il mourut saintement à Rouen le 6 d'octobre l'an 1662. Cette ville était le lieu de sa naissance, et sa famille y tient un rang fort distingué.

FIN.

LETTRES

SPIRITUELLES

DU R. P. J. RIGOLEUC.

I. LETTRE.

A LA SŒUR CATHERINE DE SAINT-BERNARD ,
RELIGIEUSE URSULINE.

C'était une fille d'une vertu extraordinaire , et fort
chérie du ciel. Par humilité elle ne voulut être que
sœur converse. Le Père lui donne plusieurs avis sur
les dispositions de son âme.

Sur ce que vous m'avez marqué de l'état
de votre âme, je vous dirai:

I. Qu'il me semble que vous vous laissez un peu trop aller à la crainte. Ce n'est
pas qu'il ne soit bon de marcher toujours
dans la vie spirituelle en esprit de crainte ;
mais la crainte, pour être bonne, doit être
produite en nous par l'esprit de Dieu.
Celle qui vient de nous-mêmes est un
trouble comme les autres passions, et empêche l'opération de Dieu. J'en dis autant
de la tristesse. Nous ne devons point nous
y exciter nous-mêmes. Si Dieu nous l'en-

voie, il la faut souffrir. Mais de nous-mêmes nous devons plutôt nous porter à la joie, qui est plus de l'esprit de Dieu.

II. Quand Dieu vous visite par quelque grâce, vous n'avez qu'une chose qui vous convienne, c'est de ne rien faire, sinon de laisser agir Dieu comme il lui plaît. Mais après son opération, oubliant la grâce et le goût de la grâce que vous avez reçue, tâchez de conserver les bons effets qu'elle vous a laissés, et de vous y fortifier.

III. Une des meilleures dispositions que je vois en vous, c'est cette généreuse résolution d'être toute à Dieu, et de le servir de toute l'étendue de vos forces d'esprit et de corps, en toute occasion, sans réserve et sans relâche. Vous pourriez faire utilement votre examen là-dessus jusqu'à ce que vous vous sentiez bien établie dans cette perfection. Il vaut mieux n'avoir servi Dieu que peu de temps dans cette plénitude de cœur, que de l'avoir servi plusieurs années dans nos retrécissements de cœur et nos langueurs ordinaires. Faites-vous rendre par vous-même un compte exact de la fidélité que vous apporterez à pratiquer ceci; et soyez bien sur vos gardes.

IV. Ne vous étonnez de quoi que ce soit qui vous arrive de nouveau. Vous verrez bien d'autres choses si Dieu vous conserve la vie, et s'il vous continue ses miséricordes. Ne songez seulement qu'à lui être fidèle, et à vous bien servir de ses dons, vous humiliant d'autant plus qu'il vous en comblera davantage. Autrement les dons et les faveurs de Dieu vous conduiront au précipice. Ainsi, quelques grâces que vous receviez, et quelque ferveur que vous sentiez dans le service de Dieu, n'estimez en vous rien de grand, que vos péchés et vos ingratitudes.

V. Gardez-vous bien de vous laisser tromper par les visions, soit corporelles, soit spirituelles. N'en jugez ni pour ni contre; mais tenez-les pour indifférentes, jusqu'à ce que vous en ayez rendu compte à ceux qui vous conduisent. Au reste, quand elles seraient du démon, elles ne vous nuiront point, si vous les recevez avec une parfaite abnégation, sans vous amuser à les regarder avec complaisance, ni vous en estimer davantage, ni chercher d'où elles viennent, cette discussion n'appartenant qu'à vos directeurs.

VI. Ne vous arrêtez pas non plus aux doutes qui vous viennent sur votre état intérieur, et sur votre oraison : vous n'avez point droit d'en juger, ni de toutes les choses qui vous arrivent. Exposez seulement avec sincérité à vos directeurs vos doutes et tout ce qui se passe en vous, et rapportez-vous-en à leur jugement. Si vous vouliez décider vous-même de ce qui vous touche, de quelque manière que vous en jugeassiez, le démon et votre propre esprit pourraient vous tromper; et vous ouvririez la porte au trouble, pour entrer dans votre âme.

VII. Ce songe du jugement, et la crainte qu'il vous laissa, furent une grâce de Notre-Seigneur : vous devez l'en remercier, et vous souvenir toute votre vie de faire maintenant ce que vous voudrez avoir fait quand il faudra paraître devant ce souverain Juge.

VIII. Cette odeur et cette absinthe viennent de la même cause, et ce sont des choses que Dieu donne quand et à qui il lui plaît. Il y a quelque temps qu'un des prêtres qui nous accompagnent dans nos missions avait la même grâce, et elle lui manqua un jour pour quelque infidélité, comme je le crois. Ne vous arrêtez nullement à cela, et sachez qu'il vaut souvent autant perdre ces sortes de grâces que de les avoir.

IX. Le désir du martyre a déjà opéré en vous de bons effets, et il en opérera encore à l'avenir ; mais il ne doit pas vous porter à aucune indiscrétion. Laissez faire à Dieu en vous ce qu'il lui plaira : il vous fera souffrir d'esprit ce que vous ne souffrirez pas de corps; et pour ce qui est du martyre, remettez-vous-en totalement à sa providence.

X. Soyez attentive à la vue de vos fautes, quand il plaît à Dieu de vous la donner. Ecoutez humblement les réprimandes intérieures qu'il vous en fait. C'est une grâce fort précieuse. Correspondez-y fidèlement, évitant avec tout le soin possible de retomber dans les fautes qui vous sont montrées, et recevant en esprit de pénitence la peine qu'elles vous causent, et les remords de votre conscience.

XI. Faites en sorte que vos fautes vous soient toujours externes, comme vous dites. J'entends qu'elles ne soient point domestiques ni habituelles, et que vous n'y tombiez pas dans toutes les occasions qui s'en présentent; mais seulement par faiblesse et par surprise.

XII. Ne vous fâchez et ne vous attristez de rien. Les moindres mouvements volontaires de quelque passion que ce soit, choquent l'esprit de Dieu, et troublent la paix de l'âme. Parlez peu, soyez intérieure et recueillie. Pensez à cette vie crucifiée que Dieu veut de vous, et recevez avec joie les souffrances qu'il vous envoie.

XIII. Quand à ce qui regarde l'oraison, la meilleure à votre égard est celle pour laquelle vous avez le plus d'attrait, qui vous réussit le mieux, et dont vous tirez le plus de profit : quelque sorte d'oraison que ce soit, souvenez-vous de cet avis, et ne quittez pas de vous-même votre manière d'oraison pour en prendre une autre. Ne la faites que par le conseil de ceux qui vous tiennent la place de Dieu. Je crois que vous n'avez dorénavant qu'à vider votre esprit de toutes choses, et même de vos propres industries, à suspendre les actes de l'entendement et de la volonté, et à laisser agir Dieu en vous simplement sans faire autre chose que de consentir à son opération.

XIV. C'est un sentiment fort sage que de vous présenter toujours à l'oraison avec un esprit de pénitence et de contrition, en vue de vos péchés et de vos infidélités. Ne les envisagez cependant que confusément, et non pas en détail, de peur de vous distraire. Mais après avoir commencé par ce sentiment, vous le devez quitter pour entrer dans votre simple recueillement, si ce n'est que l'attrait de la grâce vous porte à le continuer. De quoi vous ne devez faire nulle difficulté, puisque cette douleur et cette contrition sont une excellente oraison lorsque Dieu les opère en nous.

XV. Estimez beaucoup la grâce que Dieu vous fait de marcher en sa présence, et d'être le long du jour parmi les occupations extérieures comme dans l'oraison. Tenez-vous toutefois dans une grande simplicité, sans faire divers actes, si Dieu ne vous les inspire sans que vous les recherchiez.

XVI. Vous ne deviez pas vous divertir

de ce recueillement intérieur où vous vous trouviez durant vos prières vocales. Sachez en général qu'en de pareilles rencontres, il n'y a que l'obéissance qui vous doive obliger à ces sortes de divertissements, et que vous ne devez pas les prendre par votre propre mouvement ; mais seulement demeurez dans votre simple attention à Dieu.

Persévérez, ma chère sœur, et affermissez-vous dans cette grande résolution de travailler tout de bon à un renouvellement général de vous-même, sans rien épargner dans l'exécution de ce dessein, surmontant généreusement tous les obstacles qui pourront s'y rencontrer. Laissez agir Dieu en vous avec toute liberté. Ne vous effrayez point de la nouveauté des voies où il vous fait entrer. Il est lui-même la voie, la vérité et la vie. Je vous le dis encore une fois, ne portez aucun jugement sur les choses extraordinaires qui vous arrivent, sinon après que vous les aurez déclarées. Alors vous en jugerez conformément au jugement de votre directeur.

II. LETTRE.

A LA MÊME.

Il lui donne d'excellentes règles de modestie.

LA modestie, pour être parfaite, doit rendre notre extérieur aussi soumis à la grâce que le corps l'est à l'esprit. Pour cela, voici les règles que vous devez garder.

I. Appliquez-vous tellement à régler votre extérieur que tous ses mouvements soient autant de l'esprit de Dieu que du vôtre, sans vous faire néanmoins trop de violence.

II. Le rire, que le Saint-Esprit appelle erreur et illusion dans la misère où nous vivons, doit être honnête et modéré, n'éclater aucunement et n'en venir jamais jusqu'à la dissolution.

III. Veillez soigneusement à la garde de vos yeux, de peur qu'ils ne se laissent aller à la curiosité ou à la légèreté, ou qu'ils ne fassent paraître les impressions malignes de quelque passion déréglée : un emportement de colère, un mouvement d'indignation, de dépit, de mépris, un excès de sévérité, un abattement de tristesse, une agitation d'inquiétude, etc.

IV. C'est la langue qui d'ordinaire blesse le plus la modestie et la conscience. Usez d'une juste modération dans vos paroles, évitant également les deux extrémités de parler trop et de parler trop peu, de parler brusquement ou avec précipitation, et de parler trop lentement ou avec affectation. Ne contredisez les autres que dans la nécessité. Ne contestez jamais, et ne vous échauffez jamais beaucoup pour quoi que ce soit. Gardez volontiers le silence. Ne continuez, et n'entretenez jamais un discours que vous auriez commencé mal à propos. Mais dès le moment que vous vous apercevez que vous vous êtes engagée à dire quelque chose qu'il fallait taire, taisez-vous aussitôt, ne passez pas plus avant. Je connais une personne d'un vertu fort accomplie que Dieu a comme abandonnée pendant huit jours, pour avoir dit quelques paroles contre l'avertissement intérieur qu'il lui donnait de ne les pas dire ; et l'on m'a cependant assuré que cette faute ne consistait qu'en six paroles, de compte fait.

V. Mortifiez la curiosité d'apprendre des nouvelles, et ne témoignez jamais que vous prenez plaisir aux railleries, aux contes divertissants, et aux discours qui choquent l'esprit de la grâce.

VI. Tenez tous vos sens extérieurs dans le devoir, et ne leur permettez la recherche d'aucune satisfaction qui ne soit pas nécessaire.

VII. Que votre marcher, votre port, votre posture, vos gestes, et tous les mouvements de votre corps respectent la personne adorable de Jésus-Christ, qui doit vous animer par son esprit plus que votre propre âme. Proposez-vous donc souvent devant les yeux ce divin modèle, et sa très-sainte Mère, vous représentant leur personne, leur manière d'agir, de parler, de converser.

Enfin, que votre modestie soit constante, toujours égale et inviolable à toutes sortes de légèretés.

III. LETTRE.

A LA MÊME.

Il l'exhorte à ne se point empresser pour son avancement, ni se décourager pour ses fautes ; et il lui enseigne la meilleure manière de les réparer.

Ne vous empressez point pour votre avancement spirituel ; ma chère Sœur : Dieu vous donne du temps pour vous corriger, et il ne prétend pas que vous soyez parfaite aussitôt que votre activité naturelle vous le fait désirer. Tâchez d'adoucir par la confiance en Dieu cette gêne intérieure qui vous inquiète de vous voir si imparfaite.

Ne laissez jamais passer une faute sans vous imposer quelque pénitence, quand ce ne serait que de faire une inclination de tête en la présence de Dieu, ou devant quelque image, ou de vous frapper la poitrine, ou de baiser la terre.

Souvenez-vous que la meilleure manière de réparer une faute que l'on vient de commettre, c'est de se captiver et se vaincre en quelque occasion où l'on n'userait pas de cette rigueur, si l'on n'avait pas dessein de punir sa lâcheté passée.

Nos chutes ne nous doivent jamais étonner. Quand nous tomberions cent fois le jour, relevons-nous autant de fois, et ne nous laissons jamais abattre par le découragement; ce qui serait une plus grande faute que toutes celles où nous serions tombés. Nous ne serons pas condamnés au jugement de Dieu pour nos chutes, si nous avons toujours été constants à nous en relever.

Vous avez besoin de force et d'humilité : car ce n'est pas un petit combat que celui qu'il faut soutenir au commencement de son progrès dans la vie spirituelle, pour se supporter soi-même et ses chutes, ses faiblesses, sa malice, ses illusions, ses tentations, ses dégoûts, ses désespoirs, et mille peines humiliantes et importunes qui arrivent d'ordinaire aux âmes qui viennent de se donner tout à Dieu. Mais si parmi tout cela vous demeurez fidèle à la grâce, marchant constamment dans la voie de l'esprit sans retourner en arrière, ni vous arrêter à considérer les difficultés de votre chemin, vous avancerez beaucoup en peu de temps.

Sachez que nos fautes mêmes doivent contribuer à notre profit, et que Dieu prétend que nous nous en servions pour nous élever à lui par une amoureuse contrition, et un humble abandon de nous-mêmes à sa justice et à sa miséricorde, dans l'espérance et la résolution de faire à l'avenir un meilleur usage de ses grâces.

IV. LETTRE.

A LA MÊME.

Il lui montre combien il importe de se donner pleinement à Dieu, et que tous les préceptes touchant la perfection se peuvent réduire à trois.

CONTINUEZ, ma chère Sœur, à vous affermir de plus en plus dans cette généreuse résolution de vous donner toute à Dieu sans réserve.

Une âme qui ne s'est point encore ab-

solument donnée à Dieu par un total abandon d'elle-même, est exposée à toutes
sortes d'objets, de passions et d'affections, comme une place sans défense est
exposée au premier ennemi qui voudra
s'en emparer. Mais quand nous nous donnons pleinement à Dieu, nous rompons
tout d'un coup toutes les attaches des créatures, et nous ne trouvons plus rien sur
la terre qui soit capable de nous arrêter
dans notre course.

Notre peu de progrès dans la vie spirituelle, et le relâchement où nous vivons,
ne viennent que de ce que nous n'avons
pas le courage de nous renoncer et mépriser nous-mêmes une bonne fois, et puis
de nous donner tout au recueillement et
à l'oraison, pour être parfaitement possé-
dés de Dieu. Nous ne nous donnons à lui
qu'avec mille restrictions ; et ce que nous
lui donnons aujourd'hui, nous le repren-
drons demain, à la première occasion qui
se présentera de satisfaire la passion qui
nous domine. Pour vous, ma très-chère
Sœur, faites à Dieu le sacrifice entier ; faites-le sans cesse ; donnez tout à Dieu, et
ne vous réservez rien.

Ne vous embarrassez point d'une multitude de diverses maximes pour votre
conduite. Cette variété ne cause souvent
que de la confusion, et ne produit point
d'autre effet qu'une satisfaction de les avoir

apprises, et de s'être diverti à les lire ou à les entendre.

Tous les préceptes de perfection qu'on peut donner, se peuvent, ce me semble, réduire à trois points, que je vous recommande très-particulièrement. Le premier est de ne faire jamais aucun péché avec vue, et de se rendre si fidèle et si exact à suivre la conduite du Saint-Esprit, que l'on ne tombe qu'en des fautes de surprise, n'entretenant jamais volontairement aucune imperfection habituelle. Le second, de faire toujours ce qu'on croit être le plus parfait et le plus glorieux à Dieu, se surmontant généreusement dans les occasions où l'on ressent davantage les faiblesses de la nature. Le troisième, d'exécuter entièrement et constamment la volonté de Dieu, en tout temps et en tout lieu, de quelque manière qu'elle nous soit intimée, soit par l'inspiration divine, soit par la direction des Supérieurs.

J'ai connu plusieurs âmes qui se sont fort avancées en faisant leur examen particulier sur ces trois points, et se condamnant à quelque pénitence pour chaque faute qu'elles commettaient contre la pratique de cette perfection.

Faites-en l'essai, ma chère Sœur : il servira du moins à vous convaindre de votre faiblesse et de votre misère.

LETTRE V.

A LA MÊME.

Il l'exhorte à suivre un attrait de la grâce général et confus, qui ne la détermine à rien de particulier.

Suivez librement l'instinct de la grâce, et laissez aller votre cœur là où il est attiré, sans limiter et déterminer votre action, si l'instinct que vous sentez n'est pareillement déterminé. Je veux dire que si l'attrait de la grâce vous porte à quelque bonne œuvre en particulier, vous devez suivre cet attrait, et faire le bien particulier qui vous est proposé. Mais si vous ne vous sentez portée à rien de particulier, vous devez demeurer dans cet attrait général pour toute sorte de biens, sans vous déterminer et vous borner vous-même à quelque action particulière. Et comme d'ordinaire rien de distinct n'est représenté à votre entendement, et que votre volonté ne sent aucune inspiration particulière, tenez-vous hardiment dans cette sainte indétermination, et dans cette disposition générale au bien, laquelle n'excepte rien et embrasse tout, n'embrassant rien en détail. C'est là une espèce d'immensité qui imprime à l'âme un excellent caractère de celle de Dieu. Plus nos actes sont universels et ont d'étendue, plus ils sont parfaits. L'imperfection vient de la limitation.

VI. LETTRE.

A LA MÊME.

Il l'affermit dans l'oraison de silence, et la console dans la peine qu'elle avait de voir ses fautes et son peu de progrès.

Vous faites une faute considérable dans votre oraison, en ce que vous n'y tenez pas votre esprit dans l'égalité que ce saint exercice demande, afin que l'on s'y avance. Vous croyez n'y rien faire et y perdre le temps, et cette pensée vous afflige et vous inquiète. Mais, ma chère Sœur, dans la connaissance que j'ai de l'état de votre âme, je ne vois rien qui puisse vous faire perdre le temps, sinon cet ennui et cette tristesse à laquelle vous vous laissez abattre.

Cette oraison de foi nue n'est pas dans les sens. Comme les sens n'y ont point de part, ils y souffrent beaucoup au commencement. Ils voudraient bien y trouver leur propre satisfaction; et ne l'y trouvant pas, ils s'inquiètent, ils s'ennuient, ils s'affligent, ils murmurent et se plaignent ouvertement. Mais il ne faut pas se mettre en peine de leur mécontentement, ni prétendre de les contenter dans cette manière d'oraison simple, où il ne faut marcher que dans la foi et dans une parfaite nudité d'esprit, dans le vide de toutes les choses créées.

Afin que désormais vous soyez mieux instruite sur cette matière; et que vous ne vous y trompiez plus, lisez la *Règle de la volonté de Dieu*, page 413 et 414 (1), et de là vous jugerez si vous êtes dans la bonne ou dans la mauvaise oisiveté.

Ce mécontentement que vous avez de vous-même et des pénibles dispositions où Dieu vous tient, vous pourrait beaucoup nuire. Défaites-vous-en, et ne croyez pas que nous contentions toujours Dieu quand nous sommes nous-mêmes contents. Au contraire, persuadez-vous que bien souvent, quand nous sommes moins satisfaits de nous-mêmes, c'est alors que Dieu l'est davantage de nous. Assurément vous mesurez trop votre progrès par la propre satisfaction de votre esprit, et par les effets sensibles qui en sont une mauvaise règle.

Vous vous aigrissez aussi trop pour vos fautes, et vous n'en prenez pas la douleur

(1) C'est un livre du P. Benoît de Canfeld, capucin.

dans l'esprit de Dieu, mais dans l'esprit humain qui s'en dépite, s'en trouble et s'en abbat ; au lieu que l'esprit de Dieu, en même temps qu'il humilie le cœur dans la vue de ses fautes, le relève doucement par la confiance qu'il donne que l'on en sera plus courageux et plus fidèle à l'avenir. Vous faites encore des fautes : mais quoi ! pensez-vous devoir être parfaite dès le premier jour que vous entrez dans la voie de la perfection ? Dieu vous supporte bien dans vos défauts : supportez-vous aussi vous-même. Faites que vos fautes vous humilient et vous abaissent, mais ne souffrez pas qu'elles vous causent de l'aigreur et du dépit contre vous-mêmes.

Vous mesurez encore le profit de vos communions par les effets sensibles de la grâce. C'est une faute grossière. Ne savez-vous pas que la grâce est une chose spirituelle, et par conséquent infiniment élevée au-dessus des sens ? Ce que l'on ressent de la grâce n'en est que le marc et la lie : quant à la grâce, on ne la ressent point parce qu'elle n'est pas sensible. Au reste, je ne m'étonne pas si vos communions ont peu d'effet. Cet empressement que vous avez pour votre avancement spirituel, et cette tristesse que vous entretenez volontairement, en sont la cause. Otez ces obstacles, et vous verrez bientôt avec quelle abondance Notre-Seigneur vous comblera de ses bénédictions.

VII. LETTRE.

A LA MÊME.

En quoi consiste la nudité d'esprit.

Pour répondre à la demande que vous me faites touchant la nudité d'esprit, je vous dirai que pour les choses extérieures, je crois que Notre-Seigneur nous fait assez connaître jusqu'à quel point il veut que nous en soyons dépouillés. Quant aux intérieures, il me semble que nous pratiquerons une parfaite nudité d'esprit, si nous nous contentons de ce que Dieu nous donne de connaissances et de grâces, n'en désirant pas davantage ; mais par une abnégation générale renonçant à tout ce que nous ne savons pas, à tout ce que nous ne faisons pas et à tout ce que nous n'avons pas, et nous tenant volontiers dans les bornes des dispositions de sa providence à notre égard. Il se contente que nous le servions selon la mesure des talents qu'il nous donne.

J'estime que la nudité des sens est la voie la plus courte et la plus efficace pour arriver à cette nudité d'esprit. C'est là que

Dieu prétend conduire une âme quand il la prive, non-seulement de tout le plaisir et de toute la satisfaction qu'elle pourrait prendre dans les créatures, mais encore de toutes les consolations et de tous les goûts sensibles qu'elle pourrait trouver en lui-même. Plus cet état est rigoureux, plus l'âme se dénue ; et pour moi, je tiens que c'est un dépouillement fort agréable à Dieu, que de mourir volontiers au goût, au plaisir et à l'affection de tout ce que Dieu nous ôte, et de vivre sans appui, sans goût, sans plaisir, sans attache, et même sans application hors de Dieu. C'est là la porte étroite par où il faut entrer dans le ciel.

Je ne puis mieux vous instruire de cette nudité d'esprit, qu'en vous représentant l'idée que les Saints nous en donnent. Saint Paul l'exprime aux chrétiens de Corinthe en ces termes : « Je vous déclare, « mes frères, que le temps est court, et « qu'à l'avenir ceux qui sont mariés doi- « vent vivre comme ne l'étant point ; ceux « qui pleurent, comme ne pleurant point ; « ceux qui se réjouissent, comme ne se « réjouissant point ; ceux qui achètent, « comme ne possédant point ; ceux qui « usent de ce monde, comme n'en usant « point, parce que la figure de ce monde « passe. » Saint Basile veut que les reli- gieux vivent dans le même dégagement affectif de leur corps, que si leur âme en était effectivement séparée; qu'ils soient sans ville, sans maison, sans rien de propre, sans parents, sans amis, sans affaires, sans connaissances des choses humaines, ayant le cœur vide de toutes les créatures; que par ce dénûment ils seront disposés à recevoir les impressions de l'esprit de Dieu, Voici ce qu'un Père de notre Compagnie fort spirituel écrit sur ce sujet à un autre de nos Pères (1) : « Je n'avais « encore jamais conçu, dit-il, et je n'eusse « pu m'imaginer en quelle nudité d'esprit Dieu nous veut réduire, en quel désert il nous veut mener pour nous faire arriver à la pureté de la grâce. Il faut que l'âme « ne sente rien des choses de cette vie, ni « de ses propres opérations, et qu'elle ne « se sente pas elle-même. Il faut qu'elle « vive dans une obéissance qui lui ren- « verse tous les sens, c'est-à-dire tous les « mouvements bons, indifférents et mau- « vais, dans une pauvreté qui ne lui laisse « pas même l'usage de ses facultés libre, « dans une pureté qui ne lui permette « pas de prendre plaisir en aucune chose « créée. Il faut qu'étant ainsi revenue en « sa simplicité originelle, ayant pris comme « une nouvelle naissance, elle soit mé- « connaissable à elle-même et aux autres,

____

(1) Le P. Jean Joseph Surin au P. Huby.

« et qu'elle n'ait plus de vie ni de mouve-
« ment que pour adorer un homme qui
« est Dieu, et qui en sa manière d'agir
« est haï ou du moins rebuté de tous les
« autres hommes, qui se prosternent à la
« vérité devant lui, mais qui, refusant de
« suivre sa doctrine et ses conseils, et te-
« nant en pratique sa vie et ses maximes
« pour folie, ont horreur de l'imiter, bien
« qu'il soit la voie, la vérité et la vie.
« Dans cet état, l'âme se fortifie, s'établit
« et s'enracine en Dieu. Elle vit de ce qu'elle
« croit et de ce qu'elle espère ; elle sub-
« siste dans un vide où elle ne voit rien ;
« dans une suspension où elle ne trouve
« aucun objet qui la contente, plongée
« dans l'abîme de la foi, perdue dans les
« ténèbres où Dieu habite, ne cherchant
« le goût d'aucune chose, mais réservant
« pour l'avenir tous ses désirs, toutes ses
« espérances et toutes ses satisfactions.
« Cependant l'amour divin la remplit et
« la décharge de tout fardeau. Elle ne
« songe point si on lui rit ou si on la
« querelle : si on la bat, elle n'en sent
« rien ; si on la caresse, on ne la peut ga-
« gner ; si on la menace, on ne la peut
« fléchir ni vaincre. Rien n'est capable
« de l'émouvoir, parce qu'elle ne prend
« nullement garde à ce qu'on lui fait, ni
« à ce qui se passe autour d'elle, tenant
« toujours les yeux collés sur l'unique

« objet de son amour, comme n'étant que
« pour lui, et ne pensant qu'à lui. »

VIII. LETTRE.

A LA MÊME.

Ce que c'est que de dépendre de Dieu.

Vous me demandez ce que c'est que de
dépendre de Dieu, je vous dirai, ma chère
Sœur, qu'il me semble que cette dépendance comprend trois choses, l'action, la
souffrance, et les divers succès ou accidents de la vie.

Quant à l'action, nous devons dépendre
de Dieu, comme la main dans son mouvement dépend de l'esprit, dont elle est
l'organe. Nous ne devons pas plus agir
par nous-mêmes, par notre propre jugement, par notre volonté propre, et par
nos inclinations particulières, que la main
n'agit par elle-même : comme elle reçoit tout son mouvement de l'esprit qui
l'anime, de même nous devons recevoir
toute notre action de Dieu, qui est l'esprit de notre âme et le principe de notre
vie. Il faudrait faire ici un grand examen
sur toutes les actions de la journée pour
reconnaître en quoi et combien nous
agissons par nous-mêmes et par nos pas-

sions sans le mouvement de la grâce, et sans la conduite du Saint-Esprit. Au moins prescrivons-nous cette règle inviolable de ne jamais rien faire en faveur de nos propres intérêts contre les lumières que Dieu nous donne.

Pour ce qui regarde les souffrances, nous devons tâcher de les recevoir dans le dessein de Dieu, les considérant comme un gage de son amour, un présent de sa libéralité, un effet de sa bonté, une disposition de sa paternelle providence, et un moyen de notre prédestination éternelle, qui s'exécute autant, ou même plus par nos croix que par nos bonnes œuvres. Dans nos souffrances, nous devons nous représenter Jésus souffrant, et à son exemple nous devons souffrir tout de la part de tout le monde, en quelque matière que ce soit, et de la manière qu'il plaît à Dieu que nous souffrions. Toute l'action de notre esprit ne doit être appliquée alors qu'à imprimer dans notre cœur le sentiment de ces paroles, *Fiat volontas tua.* Dans ce sentiment, nous adorerons humblement la sainte volonté de Dieu, et nous nous soumettrons doucement à ses ordres, quelque rigoureux qu'ils soient, sans nous occuper de notre mal, ni en rechercher le soulagement par des remèdes exquis et extraordinaires ou avec empressement. Souffrons comme font les âmes

souffrantes du purgatoire, dans lesquelles, ainsi que le remarque sainte Catherine
de Gênes, le sentiment de l'amour et de
la conformité à la volonté de Dieu est
aussi vif que celui de la douleur. Voilà,
ce me semble, la plus belle idée d'une parfaite souffrance que l'on puisse concevoir.

Enfin, pour ce qui est des succès et des
accidents ordinaires ou extraordinaires de
la vie, rien ne nous doit beaucoup toucher ni étonner. Notre cœur doit demeurer dans un fort inaccessible a tout cela.
Nous devons être si élevés au-dessus de
tous les événements temporels, que nous
les voyons comme infiniment au-dessus
de nous. Si tout ce qui se passe autour
de nous devait exciter en nous du bruit
et du tumulte, où en serions-nous ? Re-
présentons-nous les anges qui sont à notre côté : Avec quelle égalité d'esprit
voient-ils tout ce qui nous arrive ? Figu-
rons-nous, si nous voulons, le monde
comme un point dans l'immensité de l'air.
Que peut-il se passer de remarquable dans
la circonférence d'un point ? Surtout con-
sidérons de quelle manière les Saints qui
sont dans l'éternité bienheureuse, voient
en Dieu tous les divers succès des choses
qui se passent dans le temps, avec quelle
indifférence de leur part, avec quelle soumission à la volonté de Dieu, hors de laquelle ils ne veulent rien.

IX. LETTRE.

A LA MÊME.

Des solitudes mystiques par où il faut passer pour
arriver à l'union divine.

Pour arriver à cette intime solitude où
l'âme seule avec Dieu seul possède le souverain bonheur de cette vie, il faut passer
par plusieurs autres solitudes fort affreu-
ses à la nature.

La première est celle des sens extérieurs
qu'il faut retirer de la multiplicité des
objets, ne les appliquant qu'au service de
Dieu, et ne leur donnant que peu d'action.

La seconde est celle de l'imagination,
d'où il faut bannir, s'il est possible, toutes les images des choses corporelles et
sensibles.

La troisième est celle de l'appétit sen-
sitif, où résident les passions qu'il faut
mortifier, laissant la place vide autant que
l'on pourra avec le secours de la grâce.

La quatrième est celle de la mémoire,
qui se remplit naturellement d'une infinité
d'espèces des choses créées qu'il faut en-
sevelir dans l'oubli, ne conservant que le
souvenir de Dieu seul et des choses qui
portent à Dieu.

La cinquième est celle de l'entendement, d'où il faut chasser une multitude
confuse de pensées, de jugements, de réflexions, de raisonnements, de connaissances et de curiosités qui l'occupent si
l'on n'y prend garde.

La sixième est celle de la volonté, où il
faut anéantir tous les désirs et toutes les
affections purement humaines, n'y souffrant que celles qui viennent de Dieu, ou
qui tendent à Dieu.

Après que l'âme a passé par toutes ces
solitudes si pleines d'horreur et de sécheresse, s'étant enfin affranchie de la servitude des créatures, et dégagée des impuretés de l'amour-propre, elle entre dans la
septième solitude, qui est celle où les vertus héroïques font leur demeure, loin du
commerce et de la vie ordinaire des hommes. C'est là qu'elle commence à goûter
le fruit de ses travaux passés, et à re-
cueillir la manne du ciel, qui ne se donne
qu'aux âmes généreuses pour récompense
de leurs combats et de leurs victoires.

De là elle monte aisément à la dernière
solitude, qui est la plus haute et la plus
retirée. C'est celle de l'union divine, que
l'on peut appeler le paradis de la terre,
le pays de la parfaite liberté des enfants
de Dieu, la région du pur amour et l'é-
lément des âmes favorites. C'est là que
hors du bruit et de l'embarras des créa-

tures, dans une paix inconnue au monde, l'âme ne voit plus que Dieu seul au milieu des ténèbres qui l'environnent; qu'elle ne goûte plus que Dieu seul au-dessus de tout sentiment; qu'elle n'entend plus que Dieu seul dans le profond silence de toutes ses puissances intérieures; qu'elle est toute plongée et comme toute perdue en Dieu, et qu'elle ne subsiste, pour ainsi dire, qu'en Dieu, dans l'anéantissement affectif de tout le reste.

Rien ne peut troubler l'âme solitaire dans ce désert, parce que rien n'y entre que par le mouvement de l'amour divin et par la conduite du Saint-Esprit.

Au reste, quoique ce désert soit le centre du vrai repos des âmes, il n'y en a cependant que fort peu qui aient le bonheur d'y arriver, parce qu'il n'y en a que fort peu qui aient assez de courage et de force pour surmonter toutes les difficultés d'un si long et si pénible voyage, ou qui rencontrent des guides expérimentés pour les conduire dans ces routes inconnues à la sagesse des hommes.

Prions Jésus-Christ, le passereau solitaire qui conduit les colombes ses épouses dans la solitude, qu'il nous donne des ailes pour voler après lui.

Jetons aussi les yeux sur la solitude où cet adorable Sauveur s'est réduit dans le saint Sacrement, et prenons-la pour modèle de la nôtre. Combien y est-il éloigné des sens ? combien peu d'action et de commerce sensible y a-t-il ? Que sa vie y est cachée ! que son dépouillement y est grand et universel ! que son application à Dieu son Père y est intime et constante.

X. LETTRE.

A LA MÈRE JEANNE DE SAINTE-MAGDELÈNE, SUPÉRIEURE DES URSULINES DE PONTIVY.

Il lui donne divers avis pour établir une âme dans le simple recueillement.

Je me trompe, ou vous ne m'avez pas écrit également le bien et le mal de la personne dont vous me parlez. Si d'ailleurs je n'en savais davantage, je n'aurais que fort peu de choses à vous répondre. J'ai même douté si ce que vous me mandez lui convenait. Cependant son nom et le caractère de sa main m'ont assuré dans cette incertitude. Voici donc ce que j'ai à vous dire pour sa conduite.

Faites-lui bien entendre que nos actions ne doivent nullement occuper notre esprit. Nous n'y devons apporter d'application qu'autant précisément qu'il en faut pour les bien faire. L'empressement et le soin superflu sont des effets de notre amour propre, et viennent souvent d'un désir déréglé de plaire aux créatures, et de les contenter.

Cet esprit, qui semble avoir beaucoup de vie, de mouvement et d'action, doit être peu à peu et doucement retenu et modéré. Faites-lui particulièrement éviter la multiplicité dans laquelle il se perdrait infailliblement étant si actif. Il faut ôter la matière à ce feu : ce qui se peut faire en deux manières, ou en la dégageant de la multitude d'emplois, ou en l'attachant fortement à un seul, qui est le silence de toutes les puissances de l'âme, et l'intime recueillement en Dieu, comme il est expliqué dans l'écrit que je lui ai laissé. La clôture et la solitude extérieure, et la garde même des sens, servent de peu, si l'on ne réprime ce tumulte intérieur et ce continuel caquet de l'esprit, si l'on n'arrête les évagations ordinaires de l'imagination.

La grâce de l'oraison de silence peut retirer l'esprit de la multiplicité des objets qui le dissipent, et l'attirer à l'unité, pourvu que pendant les actions de la journée on tâche de se tenir à peu près dans le même recueillement qu'à l'oraison, sans se laisser aller volontairement à des pensées inutiles. Autrement ce serait vouloir être imparfaite de gaieté de cœur, que d'avoir quitté le monde, et s'être séparée du commerce et des emplois de la vie sé-

culière, pour vivre en religion dans la
même dissipation et le même égarement
d'esprit que ceux qui sont le plus enga-
gés dans le monde : vu même qu'il s'y
trouve des âmes ferventes qui, par le recueillement intérieur qu'elles pratiquent,
s'unissent si fortement à leur principe,
que tous les discours et tout le bruit du
monde qui retentit sans cesse à leurs oreil-
les, ne fait pas plus d'impression sur leur
esprit que le souffle du vent ou le bruit
des eaux. Il y a ici une servante et proche
d'ici un bon villageois qui sont dans cet
état, et bien au delà. Ce dernier est si abîmé
en Dieu, qu'il lui arrive quelquefois lorsqu'il garde ses bœufs et ses vaches, que
voulant les suivre, il va sans y penser d'un
autre côté.

Il n'est pas concevable combien l'application de notre esprit est précieuse. La
personne pour qui vous m'écrivez en doit
faire grand cas. Je ne lui voudrais permettre que deux sortes d'actions : ce silence
intérieur dont je lui ai enseigné la pratique, et une attention fidèle et constante à
retrancher tout ce qui pourrait troubler
sa paix. Je crois que si elle prenait cela
pour matière de son examen particulier,
elle en tirerait un grand avantage.

Qu'elle lise attentivement les premiers
chapitres de la *Montée du Carmel* touchant
les déréglements de la mémoire, et qu'elle

tâche de se mettre dans la nuit active de cette faculté, de la manière que le bienheureux Jean de la Croix l'explique.

Après cela, qu'elle se persuade que le recueillement intérieur est l'ouvrage du Saint-Esprit, et que si les autres puissances nous échappent, au moins la volonté, ainsi qu'elle-même l'expérimente, nous est toujours sujette avec le secours de la grâce même ordinaire ; et que le feu et le trouble de la division étant dans les autres parties de l'âme, tandis que celle-ci demeure dans son assiette unie à Dieu et soumise à ses ordres, il n'y a rien à craindre. Mais il arrive quelquefois qu'étant encore faible elle se laisse emporter, et cède au désordre des autres facultés.

Je conseille à cette chère Sœur de se tenir calme au sommet de l'esprit, et au centre de la volonté pendant qu'il y a le plus de trouble dans la partie inférieure de l'âme. Ce qu'elle peut faire avec l'assistance de la grâce, qui ne lui manque jamais.

C'est une fort bonne oraison que de tenir ferme contre les distractions que l'on a pendant l'oraison, si nonobstant leur importunité, l'esprit est calme et la volonté arrêtée en Dieu. Vous ne pouvez faire d'oraison qui vous soit plus utile, bien qu'il y en ait de plus délectable. Ainsi ne vous troublez point pour vos troubles, puisque

si vous vous y comportez comme je vous
ai déjà dit, ils affermiront votre fidélité,
comme les vents fortifient les arbres dans
leurs racines.

Enfin, qu'elle se souvienne que le recueillement des puissances de l'âme étant
une bonne partie de la santé de l'esprit,
comme elle ne l'a pas encore acquise, ce
n'est pas merveille si une plaie qui n'est
pas encore fermée seigne encore. Dieu lui
fait une faveur particulière de lui ôter
quelquefois en un moment ses peines, de
percer et de dissiper par un rayon de sa
grâce tous les nuages qui environnent son
âme. Cette grâce lui manquera, si de son
côté elle manque de fidélité à Dieu. C'est
cette fidélité que nous devons conserver
comme la prunelle de nos yeux.

XI. LETTRE.

A UNE RELIGIEUSE URSULINE.

Il l'instruit touchant l'oraison de simple recueillement.

Ne vous imaginez pas que l'on ne fasse
rien dans l'oraison lorsque l'on y est attiré
à un simple recueillement. On consent à
l'opération de Dieu, on jouit de Dieu, on
goûte le fruit de son travail : et les âmes
qui sont conduites par cette voie, se doi=

vent bien donner de garde de s'en retirer
pour se remettre dans le chemin ordinaire
de la méditation. Puisque Notre-Seigneur
leur fait la faveur de les inviter à se repo-
ser dans son sein comme ses chères épouses, elles seraient inciviles et inconsidé-
rées, si elles refusaient les caresses de leur
époux.

Mais pour bien faire cette oraison, il
faut avoir le cœur bien pur et vide de toutes les choses créées, et l'esprit totalement
appliqué à Dieu.

Ce n'est pas que je blâme la méditation :
elle est excellente; et les âmes à qui Dieu
ne donne autre chose s'en doivent contenter, si elles ne se veulent mettre en
danger de se perdre. Mais celles que Dieu
attire à l'oraison de simple union, se font
un tort extrême si elles résistent à cet attrait, arrêtant par force leur esprit à une
multiplicité de considérations, d'affections
et de résolutions étudiées. Car, sans tous
ces efforts, Dieu a dans la simple voie où
il les appelle, des inventions admirables
pour leur faire connaître les vérités qu'il
veut qu'elles sachent, et il les leur fait entendre avec des paroles si claires, il les
leur imprime au fond de l'âme d'une manière si efficace, qu'elles en demeurent incomparablement mieux instruites qu'elles
ne l'auraient été par plusieurs méditations
selon la méthode ordinaire.

Tout ce qu'elles doivent faire de leur côté, c'est d'être fort soigneuses de joindre à ces grâces et à leur oraison une véritable et solide mortification, une grande pureté de cœur et une profonde humilité. Car toute leur oraison, et les lumières qu'elles y reçoivent, ne leur sont données qu'afin qu'elles se perfectionnent dans ces vertus. Que si elles ne s'en servent pas pour cet effet, manquant de fidélité à correspondre aux desseins de Dieu, elles ne continueront pas dans leur oraison ; ou si elles y continuent, on la doit tenir pour suspecte d'illusion.

Au reste il ne faut pas s'étonner si marchant par cette simple voie l'on fait bientôt de si grands progrès. Quand Dieu fait tout dans une âme, il y fait bien de l'ouvrage en peu de temps. Mais il y a si peu de personnes qui se disposent à cette oraison, qu'on peut dire que celles qui le font sont *les uniques de leur mère;* je veux dire, de la divine providence.

Pour vous, ma chère Sœur, afin que vous ne vous trompiez pas en suivant cette voie si exposée aux illusions quand on ne la prend pas bien, je veux vous apprendre les marques par lesquelles vous pourrez reconnaître si vous êtes dans la vraie oraison de silence.

I. Si après avoir préparé le sujet de votre oraison à l'ordinaire, vous ne pouvez vous en servir; mais que vous sentiez votre cœur, votre esprit, et le fonds de votre âme attiré doucement à cet intime repos, sans que vous apportiez de votre part aucun artifice pour vous y mettre;

II. Si dans ce recueillement vous apprenez à obéir à Dieu et à vos Supérieurs promptement et aveuglément, à ne dépendre que de la Providence, et à ne vouloir que la volonté de Dieu;

III. Si ce repos vous détache de toutes les créatures pour vous unir à votre Créateur, et s'il vous ôte le goût de toutes les choses de la terre, et de tout ce qui n'est pas Dieu;

IV. S'il vous rend plus simple et plus sincère à déclarer l'état de votre âme avec une naïveté d'enfant;

V. Si nonobstant la douceur que vous goûtez dans ce divin repos, vous êtes prête à supporter les sécheresses, quand Dieu vous en enverra, et à vous servir de vos considérations et de vos affections, quand il voudra que vous les repreniez;

VI. Si cet attrait vous donne plus de résignation et de patience dans les souffrances, et un plus grand désir de souffrir, sans vouloir d'autre soulagement que celui de votre céleste époux, ni chercher d'autre satisfaction que la sienne;

VII. Si ce recueillement vous établit plus fortement dans le mépris du monde et de vous-même, et dans l'estime et l'amour du mépris et des humiliations;

VIII. Enfin, s'il vous donne plus de courage et de force pour vous vaincre et pour vous mortifier, plus de fidélité à correspondre aux grâces de Dieu, et plus de diligence et d'exactitude à vous acquitter de vos devoirs et des obligations de votre état;

Si, dis-je, vous reconnaissez en vous toutes ces marques ou la plupart, ne doutez nullement que vous ne soyez appelée de Dieu à l'oraison de silence, et tenez-vous-y dans la plus grande simplicité que vous pourrez.

XII. LETTRE.

A UNE RELIGIEUSE URSULINE QUI COMMENÇAIT A ENTRER DANS L'ORAISON DE SILENCE.

Il l'y affermit et lui enseigne le moyen d'y réussir.

J E rends grâces à Notre-Seigneur de ce que l'oraison dont vous me parlez vous a bien réussi. Il n'est pas concevable combien elle est utile, quand on la fait avec les dispositions qu'elle demande. Je connais une bonne âme qui depuis quinze jours qu'elle s'y applique, en a déjà tiré un merveilleux profit.

Pour la bien faire il faut être sans trouble, avoir les passions mortifiées, tenir son esprit dans un grand recueillement, et ne faire aucune faute avec vue. Sans cela, faire cette oraison, c'est amasser d'une main, et répandre de l'autre.

Hélas! il semble que vous ne voulez point entrer dans le vide et dans la nudité d'esprit, qui est la voie sûre pour arriver à cette sorte d'oraison. Vous êtes encore trop dans le commerce des créatures, et vous ne dégagez point assez votre esprit et votre cœur de leur souvenir et de leur affection. Renoncez-y, ma chère Sœur, et mettez-vous dans la parfaite liberté où Dieu vous appelle. C'est pour nous un malheur extrême de pouvoir goûter autre chose que Dieu, que ses desseins, et que son bon plaisir. Cet appetit déréglé que nous avons pour les créatures, est la ruine des âmes. S'occuper de leur idée, prendre plaisir à penser à elles, c'est se réduire à la malédiction fulminée dans l'Écriture contre le serpent, et contre les ennemis de Dieu qui sont condamnés à *lécher la terre*. Le palais de notre âme est dépravé : Il le faut guérir peu à peu en le sevrant de tous les goûts sensibles, et l'accoutumant à ne goûter que Dieu, que Jésus-Christ, et que les choses éternelles. O que ces divins objets sont un entretien charmant, un mets délicieux pour les âmes qui ne cherchent point ailleurs leur satisfaction ! Elles y trouvent dès cette vie un avant-goût de l'éternité bienheureuse.

La lecture de votre lettre me fait voir que je ne puis assez vous presser sur ce point, de retirer votre esprit de ces bagatelles qui l'amusent, et de le mettre en état de se porter à son centre, et de s'aller unir à son souverain bien. Je veux que les choses de Dieu ne soient pas toujours à votre goût : elles le deviendront peu à peu ; et votre goût se changera infailliblement par le soin que vous prendrez de lui ôter la cendre et les charbons, pour lui donner le pain et les viandes solides. Vous verrez bientôt en vous cet heureux changement, si vous êtes fidèles à coopérer avec la grâce, et si vous aimez la solitude et le recueillement intérieur. Ne consumez pas vos jours et le temps de la vie, dont les moments sont si précieux, à regarder et à goûter des objets qui tôt ou tard seront votre supplice.

Que craignez-vous ? Hélas ! ma chère Sœur, craindre de vous captiver, c'est craindre d'avoir un paradis sur la terre. Je sais des âmes à qui le commerce des créatures est une croix insupportable, et qui souhaiteraient d'être dans les plus sombres déserts pour n'avoir plus d'habitude avec le monde, et pour en perdre le souvenir et ne s'occuper que de Dieu seul. Il est visible que Notre-Seigneur désire de vous le même dégagement ; et ces bons intervalles où vous voyez toutes les choses créées au-dessous de vous , sont comme des appas dont il se sert pour vous attirer, et comme la montre et les arrhes des grands biens qu'il vous a préparés, si vous voulez vous donner toute à lui.

Mais vous vous arrêtez trop aux difficultés qui se présentent à votre esprit, et vous envisagez l'état où Dieu vous veut comme une espèce de mort qui vous donne de l'horreur. Eh quoi ! ma chère Sœur, appellez-vous mort ce qui cause le plus solide contentement du monde, et ce qui est un paradis anticipé ? Est-ce mourir que de se donner tout à Dieu ? Mourez donc, mourez volontiers de cette heureuse mort qui devant Dieu est la source de la véritable vie. Perdez-vous dans ce vide des créatures, où Dieu remplit des biens et des délices du ciel les âmes qui pour l'amour de lui renoncent aux fausses douceurs de la terre, et qui ne connaissent plus d'autre bonheur que celui d'être uniquement à lui, et de vivre dans l'entière dépendance de ses adorables volontés.

Lisez le bienheureux Jean de la Croix.

XIII. LETTRE.

A LA MÊME.

Il l'encourage à marcher dans la nudité d'esprit, et il
lui donne quelques avis sur l'oraison de simple attention à Dieu.

ASSURÉMENT vous avez trouvé la source
de la vie, si vous persévérez fidèlement
dans la disposition intérieure où Dieu
vous met.

Marchez courageusement par ce chemin
du vide où l'on vous fait entrer, et laissez
le sens dans la sécheresse et dans la douleur. Il mérite bien cette peine pour avoir
été si longtemps le siége du péché. D'ailleurs, c'est une sangsue qui demande toujours, et qui n'est jamais rassasiée. N'ayez
point d'égard à son appétit : faites-le jeû-
ner sans pitié jusqu'à ce qu'étant bien purifié il soit en état d'avoir part au banquet
de l'Agneau, et de goûter les délices du
Seigneur. Mais il ne jouira de ce bien que
quand il sera parfaitement soumis à la
grâce ; et jusqu'à ce temps-là n'ayez pour
lui que de la dureté, et joignez-vous avec
Dieu pour le sevrer de tous les goûts sensibles, et de tout ce qui le peut flatter.

Au reste, ayez un peu de patience : ce

vide intérieur que vous avez à présent tant de peine à supporter, sera un jour la demeure délicieuse de votre âme, et vous reconnaîtrez par votre expérience, que c'est dans ce vide et dans le dépouillement de toutes choses que se trouve le paradis de cette vie.

Ne rejetez pas cependant les consolations spirituelles quand Dieu vous les donne. Recevez-les avec abnégation sans vous arrêter à les regarder ni à les goûter, et ne faites point de réflexion sur ce qui se passe en vous dans l'oraison. Ces retours sur soi-même sont dangereux. Ils donnent lieu aux vaines complaisances, à la propre estime, et aux illusions du démon, qui ne manque pas d'échauffer la ferveur, et de suggérer des pensées sublimes et capables d'élever et d'enfler l'esprit, d'où s'ensuivent à la fin de grandes misères. C'est pourquoi, ma chère Sœur, oubliez-vous vous-même autant que vous pourrez dans l'oraison, et n'y faites autre chose que vous y tenir devant Dieu en silence, avec respect et amour.

Quant aux distractions et aux extravagances de l'imagination, ne vous en inquiétez nullement : on ne s'en défait pas comme l'on voudrait. Soyez seulement fidèle à n'y pas adhérer, et tenez-vous alors constamment unie à Dieu dans la pointe de l'esprit.

Je ne suis point d'avis que dans les sécheresses vous récitiez des prières vocales.
Ce serait en quelque façon éviter la croix,
et sortir de ce vide et de cette nudité d'esprit où je désire tant de vous voir établie.
Demeurez contente dans votre pauvreté,
supportez volontiers le poids de votre misère, et reconnaissez humblement à quoi
le péché nous a réduit. Il a produit en
nous un être malin qu'il faut détruire à
quelque prix que ce soit, pour être tout à
Dieu: et c'est par les délaissements, par
les privations, et par ces sortes de peines
que Dieu a coutume de le détruire.

Dans cet état Dieu agit souvent d'autant
plus en l'âme qu'il y semble moins agir;
et pendant que la partie inférieure est dans
la désolation, il opère de merveilleux effets
dans la partie supérieure, pourvu qu'on
tienne ferme en sa présence, malgré l'inclination de la nature, qui porte l'esprit à
se divertir ailleurs. C'est en ce temps-là
que la grâce extirpe les racines de nos péchés, comme l'hiver et la gelée dessèchent
et font mourir les racines des mauvaises
herbes, et tous ces insectes que la terre
produit dans une saison plus douce.

Ne récitez donc plus de prières vocales
lorsque vous vous trouverez aride dans
l'oraison. Il n'y a qu'un seul cas où je
voulusse vous le permettre. Ce serait si la
volonté se trouvait si lâche et si faible,

qu'elle fût pour consentir à perdre le temps dans une pure oisiveté.

XIV. LETTRE.

A UNE RELIGIEUSE URSULINE.

Il lui donne quelques instructions touchant l'oraison et les délaissements où elle s'y trouvait.

JE vous conseille d'agir avec Dieu fort simplement, et à la bonne foi, sans tant de recherches et de préparatifs. Le cœur lui dit tout. Il voit et connaît tous nos pouvoirs et toutes nos faiblesses ; et néanmoins lorsqu'il nous fortifie le plus, nous cherchons de l'appui ailleurs qu'en lui. Ce n'est pas que je veuille vous défendre l'usage des moyens ordinaires dont on se sert pour réussir dans l'oraison ; mais je dis que d'en vouloir tirer plus d'aide que Dieu ne permet, c'est une mauvaise conduite.

Prenez garde que les réflexions que vous faites sur votre état, ne vous portent à désirer ce que vous n'avez pas. Le meilleur est de ne désirer rien même des choses spirituelles, mais de résigner entre les mains de Dieu tous vos désirs.

Quand vous vous trouvez dans les délaissements intérieurs, abandonnez-vous-y vous-même. C'est une faute notable que d'aller chercher des appuis : Dieu les ôte alors absolument. Comment le voudrions-nous chercher ou retenir contre sa volonté? Pour gagner avec Dieu, il faut tout perdre. Notre-Seigneur, dans la soif qui le brûlait sur la croix, n'eut pour rafraîchissement que du fiel et du vinaigre. Ainsi, ma chère Sœur, dans vos aridités ne faites point de lectures tendres et affectives pour vous consoler : faites-en de sèches et solides, comme serait celle de vos constitutions et de vos règles, simplement pour vous soutenir et pour satisfaire à votre obligation.

C'est encore une faute que de vouloir alors méditer. C'est comme si quelqu'un, allant en poste, descendait de cheval, et marchait à pied pour aller plus vite. Cet état est une espèce de contemplation qui vaut incomparablement mieux que la méditation.

Il ne faut point nous affliger des peines que la nature sent alors si vivement, ni de nos distractions, ni de nos chutes, ni de quoi que ce soit. Dieu veut nous faire sentir ce que nous sommes, quelle est la misère de la nature dans le péché, et à quel point de désolation se trouve réduite la créature, quand elle est abandonnée de son créateur. C'est une petite participation de ce que souffrent les âmes dans le purgatoire ou dans l'enfer, dont il semble que le délaissement de Dieu est comme le centre. Disons avec Job : *Quand il me voudrait ôter la vie, j'espérerais toujours en lui.* (1)

Il y a deux sortes d'élévations : celle de l'entendement, et celle de la volonté. La première, qui se fait par de sublimes connaissances de Dieu, est bien plus dangereuse, et plus sujette à la curiosité, à l'estime de soi-même, aux tromperies du démon. La deuxième, qui se fait par l'abnégation de tout ce qui n'est point Dieu, est bien plus sûre, plus parfaite et plus conforme à l'état de la vie présente. Elle est bien plus dans la nudité d'esprit. C'est celle-ci que vous pouvez excellemment pratiquer dans vos sécheresses et vos peines.

LETTRE XV.

A LA MÊME.

Il l'exhorte à correspondre à la grâce que Dieu faisait de la reprendre de ses fautes et de l'en châtier.

LES deux grâces les plus souhaitables dans la vie spirituelle sont la connaissance de notre cœur et la contrition, d'autant

(1) Etiamsi occiderit me, in ipso sperabo. *Job. c.* 12.

qu'elles sont les plus opposées à l'esprit d'erreur et au péché à cause des effets qu'elles produisent dans l'âme, savoir : de la purifier de plus en plus, et de la rendre capable des plus hautes, des plus simples et des continuelles opérations de Dieu. Car Dieu étant la pureté même, il purifie l'âme à proportion qu'il veut se communiquer à elle.

Ce qu'elle doit faire de son côté, c'est de souffrir généreusement et avec une parfaite résignation ces pénibles opérations de Dieu, qui, la purifiant, la disposent à ses plus douces communications. Qu'elle demeure donc en silence sous la rigueur de la main de Dieu dans la même posture que Jésus-Christ sur la croix, lorsqu'il portait tout le poids de la sévérité de Dieu son Père.

Qu'elle ne s'arrête nullement à penser à ce qu'elle souffre, de peur de donner lieu à l'ennui qui pourrait naître de cette réflexion : ou si elle y pense, que ce ne soit que pour y remarquer comment ses peines ôtent les tâches qui la rendaient désagréables aux yeux de celui à qui seul elle veut plaire.

Il est vrai que cette purgation est rude au sens : elle est cependant infiniment plus douce que si elle se faisait dans l'autre vie. Ce serait la justice d'un Dieu vengeur qui la ferait alors ; et c'est la miséricorde d'un

Dieu d'amour qui la fait à présent. Hélas! que les peines des pauvres âmes du purgatoire sont bien autres que les vôtres! Ce que Dieu punit dans l'enfer par un feu éternel, qui en un clin d'œil réduirait le monde en cendres, il le punit ici par un châtiment si doux, qu'on peut dire en quelque manière qu'il lave nos péchés dans un bain délicieux. Et cependant nous ne nous abandonnerons pas aux dispositions de sa paternelle providence?

J'estime beaucoup cet attrait qui vous porte à désirer que la volonté de Dieu se fasse en vous à quelque prix que ce soit; mais j'estime encore bien davantage ces élancements du cœur pour courir au bon plaisir de Dieu par-dessus toutes les difficultés qui pourraient vous arrêter.

La lumière qui nous découvre et qui punit nos défauts, est toute surnaturelle, et demande une grande fidélité. Elle s'augmente ou se diminue à proportion que l'on y correspond avec plus ou moins d'exactitude.

Le Saint-Esprit imprime sans cesse dans les âmes qui se sont rendues capables de ses opérations particulières, deux différents mouvements : l'un, d'éloignement et de séparation des créatures; l'autre, d'union avec Dieu. C'est à ce dessein qu'il leur fait connaître leurs fautes, qu'il les en reprend, qu'il les en châtie, et qu'il leur

apprend à discerner les mouvements de la
grâce, ceux de la nature et ceux du démon, ces trois sortes d'esprits agissant toujours en nous hormis dans le sommeil.

XVI. LETTRE.

A UNE RELIGIEUSE URSULINE.

Il l'exhorte à la vie intérieure et à la parfaite abnégation
et nudité d'esprit.

Puisque Dieu vous fait jouir des fruits de
la paix qu'il a établie dans votre âme, em-
ployez-les à son service, ma chère Sœur;
et comme vous n'avez que peu d'occupation au dehors, imitez la vie intérieure
des saints, qui ont au dedans d'eux-mêmes
un emploi en quelque manière infini et
d'une étendue immense, qui les occupe
sans travail, et avec un repos délicieux,
qu'on peut appeler l'avant-goût de la félicité céleste. Notre-Seigneur vous ouvrira
la porte de ce paradis intérieur, si vous
êtes fidèle à suivre ses voies et ses desseins
avec une droite et pure intention.

N'ayez donc point d'autre vue dans toute
votre conduite, que de faire la volonté de
Dieu, par le seul motif de lui plaire; et
lorsque vous vous donnez au recueillement, que vous approchez des sacrements,

ou que vous faites quelque autre chose à quoi vous avez de l'affection, prenez garde que le goût ne vous y attire plutôt que la volonté de Dieu, et que votre cœur n'y cherche et n'y prenne de la satisfaction sans s'en apercevoir. C'est une maxime générale, qu'il faut soigneusement se donner de garde des choses où l'on trouve du plaisir.

Dans la faiblesse et la disette où nous vivons ici-bas, nous devons recevoir les consolations célestes et les douceurs sensibles quand Dieu nous les donne; mais l'état de pénitence, qui est celui de cette vie, et la fidélité que nous devons à l'amour de Notre-Seigneur, ne nous permettent point d'avoir d'autre inclination que pour la croix.

Nous aimons naturellement ce qui flatte notre amour-propre, nous le désirons avec empressement, nous nous l'approprions, et nous le possédons avec attache. Nous nous reposons en cette possession, nous nous y complaisons; notre esprit s'élève, et notre cœur se remplit d'orgueil. C'est à quoi je vous recommande de veiller soigneusement, ma chère Sœur, vous établissant dans cette sainte nudité d'esprit que vous savez, qui ne s'attribue rien, qui ne sait ce que c'est que d'avoir et de posséder quoi que ce soit, et qui est insensible ou plutôt morte à tout, sinon à coopérer avec la grâce, et à en témoigner à Dieu de la reconnaissance.

Remarquez avec attention si dans vos actions la nature ne s'ingère point à agir la première, ou si la grâce la prévient et la réprime. Voyez laquelle des deux a coutume de se produire la première. Dans la plupart du monde, et même des personnes spirituelles, la nature et les passions agissent toujours les premières, ou du moins se présentent les premières pour agir, si l'on n'a soin de les retenir, et si l'on n'apporte une attention particulière pour empêcher ce désordre.

Quand une passion s'élève dans votre cœur, arrêtez la première impression qu'elle y veut faire. Il est plus aisé de lui en fermer d'abord l'entrée, que de l'en chasser quand elle s'en est une fois emparée. D'ordinaire nous nous laissons séduire par les premiers mouvements de notre amour-propre ; et d'abord qu'un objet se présente à notre esprit, la volonté, qui est prévenue en sa faveur, le peint avec les couleurs dont elle est imbue, et le représente à l'entendement sous le visage que la passion lui donne. Ce qui émeut puissamment l'âme, si elle ne se tient sur ses gardes pour éviter cette séduction.

Gardez cette maxime de juger peu, et de déférer peu à votre jugement propre. Combien de personnes, qui d'ailleurs sont assez détachées de leur propre volonté, tombent tous les jours dans les illusions du démon par l'attache à leur sens! Le renoncement à son propre jugement est bien difficile. On en trouve qui se dépouillent de tout le reste avec une merveilleuse édification du monde. Mais de se dépouiller de leurs propres lumières, de leurs vues, de leur raison, c'est ce qu'ils ne feront jamais. On peut dire que ce sont leurs lumières qui les aveuglent, et leur raison qui les séduit. Voilà un piége des plus cachés et des plus dangereux de la vie spirituelle. C'est pourquoi nous devons nous défier extrêmement de nos sentiments, peu déférer à nos vues; et quand même nous jugerions qu'elles viennent de Dieu, les soumettre toujours au jugement de ceux qui nous tiennent sa place. C'est là un fruit solide de l'humilité.

Il faut viser en toutes choses à exterminer ce malheureux être que le péché a produit en nous. Ne différons point à le faire mourir. Voyez comment Dieu traite le corps après la mort; comment il l'anéantit et le réduit en poussière. Ce que la justice divine fait au corps, il le faut faire à proportion à l'âme, puisque c'est elle qui est la cause de tout le mal.

XVII. LETTRE.

A LA MÊME.

Sur ce que ses indispositions l'avaient réduite à un tel
point, qu'on désespérait de sa santé, il l'exhorte à
vivre dans un parfait dégagement de la vie.

JE vous souhaite pour étrennes la paix de
l'âme dans l'accomplissement de la volonté
de Dieu, et dans la fidèle et constante dépendance des ordres de sa providence, et
je désire que vous receviez généreusement
et amoureusement la réponse de mort que
le ciel semble vous donner. Recevez-la
dans le même esprit que saint Paul la reçut
quelque temps avant son martyre.

Cette réponse de mort est un état où
l'on se tient déjà pour mort, et dans lequel on ne possède plus la vie que comme
par emprunt. On la reçoit chaque jour
comme une nouvelle faveur, où comme le
recouvrement d'une chose désespérée ou
perdue, et de laquelle on est entièrement
détaché, par une humble soumission, aux
dispositions de l'auteur de notre être. On
ne forme plus de desseins sur sa vie ni sur
les choses temporelles. Le cœur est déjà tout
dans le terme où il aspire. On fait état que
chaque jour est le dernier, et qu'on doit
mourir à tout moment. On y est disposé,

et l'on se soumet à cette nécessité en l'union de la mort de Notre-Seigneur, de celle de sa très-sainte Mère, et de toutes les précieuses morts des Saints. L'on fait le sacrifice de sa vie pour trois fins. La première, pour satisfaire à la justice de Dieu, qui nous a condamnés à mourir pour nos crimes. La seconde, pour se voir dans un état où l'on ne puisse plus ni l'offenser ni le perdre. La troisième, pour le posséder comme le souverain bien pour lequel nous avons été créés, et qui seul nous peut rendre heureux.

J'estime beaucoup votre patience et votre obéissance. Elles sont d'un grand mérite ; et le sacrifice que vous faites de votre vie en acceptant la mort, est incomparablement plus grand que ne serait la vie même employée à pratiquer tout le bien dont vous êtes capable.

XVIII. LETTRE.

A LA MÊME.

Sur le même sujet.

JE m'imagine que vous vous portez toujours à l'ordinaire, tantôt mieux et tantôt plus mal quant au corps ; mais selon l'âme, toujours bien, sans vicissitude, sans changement. Je n'en doute point; et quand je pense à l'état où je vous vois depuis tant de temps, je le considère comme le moyen le plus propre que Dieu vous pouvait donner pour vous sanctifier, en souffrant à tout moment la douce rigueur de sa sainte volonté, et vous y sacrifiant continuellement. Cet abandon est estimé le plus haut point de la vie chrétienne et le plus méritoire. C'est le plus pur et le plus parfait exercice de dépendance de Dieu, et de conformité à son bon plaisir.

Je vous conseillerais d'avoir une dévotion particulière aux Saints qui ont été ressuscités, et d'imiter leur seconde vie, ne vivant plus que comme eux dans les sentiments de l'éternité.

Comme la maladie consume de jour en jour votre corps, je voudrais que votre âme s'en dégageât de plus en plus, ne s'occupant nullement, ni de ses souffrances, ni de ses soulagements; ne refusant ni recherchant les remèdes, mais demeurant toujours dans la même égalité d'esprit. Quand Notre-Seigneur vous visite, et quand il vous délaisse, soyez également contente.

Exercez-vous dans le désir de l'aller voir et de le posséder. On a eu révélation que l'âme d'un de nos Pères souffrait en l'autre vie des peines particulières, pour n'avoir pas assez ardemment désiré dans celle-ci de voir Dieu, et de jouir de lui dans la gloire.

Enfin, souvenez-vous que ce fut dans la croix que s'accomplit la rédemption du monde, le plus grand et le plus saint ouvrage qui se soit jamais fait. Ainsi, ma chère Sœur, estimez que le plus grand service que vous rendrez à Dieu, ce sera d'imiter dans l'état où il vous a mise, les dispositious intérieures de Jésus-Christ sur la croix.

XIX. LETTRE.

A LA MÊME.

Sur le même sujet.

Plus je considère l'état où vous êtes, plus j'admire la conduite de Dieu à votre égard. Elle est toute de miséricorde, et d'une si grande miséricorde, que vous ne devez jamais cesser de l'en remercier et de le bénir.

Vous êtes dans l'occasion du monde la plus favorable pour vous sanctifier. Considérez, je vous prie, quel trésor de grâces et de mérites vous pouvez acquérir.

Prenez cet état avec tous ses appanages de faiblesses et de douleurs, comme de la main de cette paternelle providence

qui peut aussi bien vous donner la santé
que la maladie, comme elle la donne en
effet à tant de personnes qui en usent si
mal.

Je suis d'avis que pour coopérer avec
l'action de Dieu en vous, vous tenant déjà
morte, vous receviez de sa main tous les
matins la vie comme une nouvelle faveur
qu'il vous fait.

Pensez de fois à autre dans la solitude
de votre cellule, quels sentiments d'amour
et de reconnaissance vous auriez pour
Notre-Seigneur, si vous ayant appelée à lui
il y a deux ans, vous étiez présentement
dans le ciel et dans la jouissance de l'éternité bienheureuse.

Je le prie de tout mon cœur qu'il vous
continue la vie dans la mort, et qu'il montre en vous la diversité des voies qu'il nous
a ouvertes pour aller à lui.

XX. LETTRE.

A LA MÊME.

Il la console en lui représentant que Dieu a coutume
d'envoyer aux personnes qu'il chérit le plus, de rudes épreuves sur la fin de leur vie.

Il y a longtemps que Notre-Seigneur vous
tient dans la souffrance et dans la croix,

pour exprimer en vous l'image de sa sainte passion.

Sur quoi je vous dirai ce que j'entendais dernièrement lire de Tobie, que *parce qu'il était agréable aux yeux de Dieu, il fallait qu'il fût éprouvé par les afflictions.*

Le père Antoine Gaudier, un de nos Pères d'un mérite extraordinaire et fort avantagé des dons de la grâce, disait qu'on avait remarqué dans les plus vertueux de notre Compagnie, que sur la fin de leurs jours, Dieu ne manquait point de les mettre dans la croix de quelque manière que ce fût. Ce qu'il disait des autres lui arriva à lui-même; car, outre qu'il fut toujours persécuté d'un démon depuis qu'il l'eut chassé de la maison d'un gentilhomme du pays de Liége, qui entretenait un commerce familier avec ce démon, il fut encore éprouvé par de grandes maladies. Plusieurs sont attaqués de paralysie; d'autres tourmentés des cuisantes douleurs de la pierre. Quelques-uns sont travaillés d'insomnies fâcheuses; de noires vapeurs de la rate font souffrir à d'autres des peines fort importunes et humiliantes. J'en ai vu à qui Dieu a envoyé le mal caduc deux ou trois ans avant leur mort. Il en mourut un dernièrement de la vexation d'un esprit follet qui l'empêcha de dormir six mois entiers, ce maléfice lui ayant été causé par des misérables qu'il avait tâché de corriger charitablement. Un autre a passé les deux dernières années de sa vie sans dormir que très-peu, étant d'ailleurs accablé d'une affliction intérieure qui ne le quitta qu'au lit de la mort. Je ne finirais pas, si je voulais vous dire tout ce qui se présente à mon esprit sur ce sujet. C'est ainsi que Dieu met souvent le comble à la perfection de ceux qu'il aime.

Consolez-vous donc, ma très-chère Sœur, de ce qu'il vous traite comme une de ses filles bien-aimées. Remerciez-le de la part qu'il vous donne en la croix de son Fils, et priez-le qu'à mesure que le corps s'affaiblit et se consume, l'esprit se fortifie dans son amour, et se purifie de plus en plus dans sa grâce.

XXI. LETTRE.

A LA MÊME.

Il la console, lui montrant les avantages de cette vie mourante qu'elle menait.

D'un côté je vous porte compassion, ma chère Sœur; mais de l'autre, vous voyant sous la main de votre divin Époux, ou plutôt dans son sein, je vous porte quelque sorte d'envie. Tenez-vous-y doucement en repos malgré vos souffrances, et demandez-lui qu'il vous donne les sentiments qu'il avait pour son Père pendant qu'il fut en la croix. Imitez cet heureux état, demeurant comme la victime sous la main de celui qui l'immole à Dieu.

Être entre la vie et la mort, c'est l'occasion où l'on peut témoigner plus de fidélité à Dieu, à qui nous devons tout. C'est un état d'un grand mérite aux yeux de Dieu.

Prenez également le mal et les remèdes. Tout vient de la main de Notre-Seigneur. Ce sont comme deux mouvements contraires qui tendent toutefois à une même fin. Dites-lui que vous ne demandez ni la vie ni la mort, et bien moins la vie, sinon pour souffrir davantage si c'est sa volonté.

Que s'il lui plaît de vous appeler à lui, repassez par votre esprit en général les succès de l'autre vie ; et offrez-lui en union de sa sainte passion, et pour l'expiation de vos péchés, tous les efforts de sa justice, que vous devez ou que vous pouvez ressentir au sortir de cette vie.

XXII. LETTRE.

A LA MÊME.

Sur le même sujet.

Je ne puis me lasser de vous dire que l'indisposition de votre corps met votre âme dans l'état du monde le plus souhaitable, qui est d'être à tout moment entre la vie et la mort dans une entière dépendance de Dieu. Cette indifférence, qui vous rend également disposée à tout ce qu'il lui plaira d'ordonner de vous, vous sera la matière d'une précieuse couronne, si vous y persévérez.

Je ne vous conseille qu'un seul acte dont vous tâcherez de faire la continuelle occupation de votre esprit, c'est cet abandon de vous-même entre les mains de Dieu, ce sacrifice de vous-même que vous lui ferez sans cesse par un total acquiescement à sa sainte volonté.

Après cela, puisque vous voulez faire une confession générale, je suis d'avis que, pour vous mieux connaître et vous mieux exciter à la componction, vous distinguiez les péchés où vous tombez par pure fragilité, ceux que vous commettez de propos délibéré, et ceux où l'humeur, l'habitude et la coutume vous entraînent. Faites de tout cela un faisceau, et jetez-le avec vous dans le feu de la contrition, si Notre-Seigneur l'allume dans votre cœur.

Toutes les saintes âmes qui se trouvent dans le danger où vous êtes, ont comme trois vues ou trois applications particulières : l'une à la contrition pour le passé, l'autre à l'acquiescement et à la soumission pour le présent, et la dernière à la confiance et à l'abandon pour l'avenir. Autant que la grâce vous donnera d'attrait pour ces trois vertus, exercez-vous-y. La contrition est la plus nécessaire ; et saint Augustin ne voulait pas même que les Saints les plus parfaits sortissent de ce monde sans la pénitence du cœur, qui est la véritable contrition.

Souvenez-vous que les Chérubins tremblent devant Dieu, et que les plus pures Intelligences ne se trouvent pas sans tache devant la sainteté incréée. Ainsi, après avoir développé les replis les plus profonds de votre conscience pour découvrir toutes vos fautes, soumettez votre vue à celle de Dieu à qui rien n'est caché, et priez-le humblement de porter la main et l'éponge partout où il voit des souillures dans votre âme, quelque forte et rigoureuse que doive être son opération.

Offrez-vous à réparer de la manière qu'il lui plaira, la gloire et les services que vous avez refusé de lui rendre par le passé.

Ne désirez plus rien pour vous, mais que tous vos désirs aboutissent uniquement à Dieu. Celui de voir Dieu et celui de souffrir sont excellents, le Saint-Esprit en étant le principe.

Ne pensez point à être plus grande au ciel, mais seulement à être plus à Dieu, et à remplir fidèlement ses desseins.

Employez bien le peu de temps qui vous reste, et retranchez soigneusement toutes sortes d'inutilités. Les moindres moments de la vie sont infiniment précieux.

Pour ce qui regarde les nécessités du corps, soumettez-vous à cette servitude en esprit de pénitence, comme une criminelle que la justice divine y a condamnée en punition du péché de notre premier père et de ses propres offenses.

XXIII. LETTRE.

A UNE RELIGIEUSE URSULINE.

Il l'instruit de la manière qu'elle doit porter ses peines intérieures, et du profit qu'elle en doit tirer.

Dans l'état de peines où vous êtes, ce que vous devez faire, c'est de vous soutenir constamment, vous humilier profondément, vous acquitter fidèlement de tous

7*

vos exercices, et ne rien omettre de vos devoirs, vous abandonner généreusement à la souffrance, et attendre paisiblement la consolation de la grâce, quand il plaira à Notre-Seigneur de vous la donner.

Mon Dieu! que les plus violentes impressions des peines que vous souffrez, seraient précieuses à quelques âmes que je vois dans un continuel désir de souffrir. Assurément vous êtes dans l'occasion de gagner beaucoup; et il m'est évident que l'amertume de la pillule que vous sentez si vivement, est une marque certaine de la santé qu'elle produira.

Vous me dites qu'au sortir de ces abois vous entrez dans une paix pleine de consolation. C'est là que Dieu vous veut mener par ce chemin si rude à la chair et au sens. Il vous donne ces douceurs comme des arrhes de la félicité qu'il vous a préparée pour récompense de la fidélité qu'il exige de vous dans cet état. Sachez qu'il n'y a point de travail ni de martyre dans cette vie, qui soit une disposition proportionnée aux moindres communications de Dieu. Nous sommes infiniment au-dessous de lui par la considération de notre néant, et nous lui sommes infiniment opposés par le péché. Or, il est question de nous approcher de lui jusques à la familiarité. Il s'agit de nous introduire dans ce paradis terrestre où il se communique pendant cette vie : et c'est à quoi nous disposent ces sortes de peines qui sont une espèce de purgatoire. Quelle pureté pensez-vous que Dieu demande d'une âme qu'il veut élever à l'état surnaturel ! Cet état est une faveur si rare, que j'ai connu quantité de religieux et de séculiers, qui ont fait et souffert pour Dieu de très-grandes choses pendant cinquante et soixante ans, et que Dieu n'a cependant jamais tirés des voies naturelles ; qui y ont passé toute leur vie, et qui y sont morts : quelques-uns même, ce qui est plus déplorable, ont trempé dans des défauts qu'à peine Dieu souffre en ceux qui commencent à marcher dans les voies surnaturelles.

Dans votre état, tout consiste, à mon avis, à seconder l'action de Dieu, ou plutôt le dessein et la fin de l'action de Dieu en votre âme, qui sont de la purifier de ses péchés, de ses passions, de tous les déréglements, et des moindres taches que les péchés et les passions y ont laissées. Voilà le but où vous devez tendre, et c'est à quoi vous devez travailler. De cette manière, faisant cesser la cause de vos peines, vous en terminerez le cours, ou vous les adoucirez, et vous irez de vous-même sans violence au terme où l'on vous traîne à présent par des ronces et des buissons. Car Dieu ne punit point deux fois pour une même chose, et il ne condamne point ceux qui préviennent le jugement de sa rigueur.

Gardez-vous bien d'aller chercher du soulagement parmi les créatures. Leur commerce hors de la nécessité, ou des ordres de Dieu, ne vous peut être que nuisible, et ne servira qu'à augmenter vos peines, au lieu de les diminuer.

Il me semble que vous donnez un peu trop d'action à votre esprit. Réprimez son activité. Plus vous le pourrez élever au-dessus des sens, et le tenir dans le vide des puissances et dans une suspension de leurs actes, ce sera le mieux. Par ce moyen, vous le rendrez inaccessible aux traits de l'ennemi, qui ne passent point la région des sens.

Retranchez, si vous m'en croyez, mille petites satisfactions de la nature, soit dans la conversation, soit dans le traitement du corps, soit dans les divertissements, avec modération toutefois, et sans trop gêner votre esprit, qui souffre assez d'ailleurs. Dieu a coutume de jeter dans l'amertume et dans les peines ceux qui cherchent des douceurs et des plaisirs hors de lui.

Ce qui vous fait le plus souffrir sont les réflexions que vous faites sur vos peines, et cette sensibilité qui vous persuade que votre mal est plus grand qu'il n'est en effet, qu'il est dangereux, qu'il est sans remède. Étouffez tous ces sentiments, et n'admettez que le moins que vous pourrez le souvenir de vos peines.

Imitez la patience de l'Agneau immaculé, et cette douce résignation, cette paix inaltérable qu'il conserva toujours dans tout le cours de ses souffrances.

Quelque mauvaise que vous semble être votre disposition intérieure, n'estimez pas que le mal aille à la mort, sinon à la mort de vos passions et de vos défauts. Vous l'éprouverez, si vous demeurez constante, comme j'apprends que vous êtes, à souffrir la main du médecin céleste, qui par les rigoureuses opérations procure la parfaite santé de votre âme.

Bannissez donc toutes les craintes qui vous inquiètent. Craindre encore après les assurances qu'on vous a tant de fois données, ce n'est pas une tendresse de conscience, c'est une recherche d'amour-propre, une attache à votre sens, et un effet de l'orgueil de votre esprit.

En quelque crainte ou perplexité que l'on se trouve, le moyen infaillible de s'assurer, c'est de se soumettre aveuglément à la conduite de son directeur, ou de son Supérieur. C'est là la voie de l'obéissance qui est hors des prises du démon, et dans laquelle il n'a jamais rien gagné. Souvent il n'y a point d'autre voie pour trouver la paix et le repos de sa conscience. Quand votre directeur se tromperait, vous ne vous tromperez pas en lui obéissant, pourvu que ce ne soit pas en des choses évidemment mauvaises et contraires à la loi de Dieu.

XXIV. LETTRE.

A LA MÊME.

Sur le même sujet.

Persuadez-vous une bonne fois, que Dieu tôt ou tard contente sa justice sur nous de la manière qu'il lui plaît, soit en cette vie, soit en l'autre. Et pour vous, ma chère Sœur, il vous traite fort favorablement dans l'état que vous me marquez, puisqu'en même temps qu'il vous punit, il vous purifie, et vous dispose à de grands biens dont il veut un jour vous combler. Il ne punit que fort peu de personnes de cette sorte ; et quand il le fait, sa conduite dans cette rencontre est un jugement d'une infinie miséricorde, sous l'apparence de la rigueur de sa justice.

Assurez-vous que s'il vous engage en de rudes combats, il vous donne la grâce de vaincre votre ennemi, et de tirer avantage de ses propres armes contre lui-même.

Ces dégoûts, ces tristesses, ces craintes, et toutes ces peines qui affligent les sens, vous fortifieront et vous établiront un jour dans une parfaite santé, pourvu que vous ayez le courage de les souffrir.

Si vous aviez les sermons de Thauler, je voudrais que vous lussiez celui du quatrième dimanche après Pâques : vous y trouveriez un passage qui a autrefois bien consolé un cœur extrêmement affligé.

Hélas! (c'est de lui-même qu'il parle), si vous en étiez réduite au point où quelqu'un de ma connaissance s'est vu durant bien des années ; si vous aviez une continuelle vue de votre réprobation ; si vous entendiez prononcer à tout moment à l'oreille du cœur la sentence de votre damnation éternelle ; si vous portiez partout l'idée et le sentiment de l'enfer imprimé au fond de vôtre âme, sans vous en pouvoir defaire, que serait-ce ?

Je vous conseille de ne point écouter cette foule de pensées, d'ennuis et de désespoirs qui occupent la partie inférieure de l'esprit. Retranchez-vous dans l'autre partie, où réside cette bienheureuse paix, qui doit un jour remplir toute votre âme, quand elle aura été purifiée selon la mesure des grâces que Dieu y veut mettre, et qu'il y mettra effectivement si vous ne l'en empêchez par votre inconstance et votre infidélité.

Bon courage, ma chère Sœur, peut-être que cette épreuve ne sera pas de longue durée. Il y a ici une personne séculière que Notre-Seigneur a tenue pendant quelques mois dans des travaux semblables aux votres, y ajoutant encore à diverses reprises une grosse fièvre continue ; et à présent elle ne se connaît presque plus, tant elle regorge de consolations. Mais quand Dieu vous tiendrait toute votre vie dans ce pénible exercice, il ne vous traiterait que comme il a traité quantité d'âmes chères, qui n'ont goûté sur la terre que fort peu de temps les fruits de la paix que cette longue et effroyable guerre leur avait acquise. Sainte Catherine de Boulogne ne sortit de ces épreuves que deux ans avant sa mort. Tant d'autres y sont demeurés jusqu'à ce qu'ils y aient trouvé la véritable vie par la mort, et dans la mort que cet état leur a causée.

Au reste, vous vous faites grand tort de ne pas rendre un compte sincère de vos peines. L'humilité que vous pratiqueriez en les découvrant, vous attirerait le secours de la grâce qui les adoucirait. Vous ne combattriez pas seule, et vous résisteriez bien mieux. Au lieu que cet orgueil secret qui vous empêche de les déclarer, les fortifie, et fait que ne leur donnant point d'air, elles aigrissent votre esprit et l'affaiblissent beaucoup.

————

XXV. LETTRE.

A LA MÊME.

Sur le même sujet.

L'une des plus grandes grâces que Dieu nous fasse, c'est de nous poursuivre par des peines, de quelque manière que ce soit, après nos péchés ou notre relâchement dans son service.

Vous me dites que l'attaque qui vous est la plus importune, c'est celle du désespoir. Sachez que nous n'en avons jamais moins de sujet, que quand Dieu permet que nous en soyons plus fortement attaqués. Son dessein est de nous obliger de recourir à lui, et de nous toucher du sentiment de nos péchés. C'est une médecine un peu rude, mais fort efficace pour opérer dans les âmes de merveilleuses guérisons. Dieu l'applique à ceux qu'il lui plaît de retirer de leurs désordres. Ceux qu'il laisse dans la continuation de leurs péchés sans leur appliquer ce remède, ou quelque autre semblable, on peut juger qu'il les traite comme des malades désespérés. Ainsi rendez-lui grâces de ce qu'il ne vous traite pas de la sorte, et gardez-vous bien de croire

qu'il vous abandonne, comme vous pourriez peut-être vous l'imaginer.

J'ai vu plusieurs âmes qui ont passé par
la même épreuve; et maintenant une personne de ma connaissance en est réduite à
un tel point, qu'elle en a la fièvre et est
contrainte de garder le lit. Mais son mal
est pour le plus grand bien de son âme;
car j'en connais plusieurs de sa condition,
qui dans une vie fort criminelle ne souffrent rien, Dieu les laissant vivre dans la
jouissance de leurs plaisirs, parce qu'il
semble les avoir rejetés.

Cependant, comme ces peines peuvent
arriver quelquefois jusqu'à un tel excès,
qu'il y aurait danger qu'aigrissant l'esprit,
elles ne causassent du relâchement ou ne
fissent mal à la tête, voici la conduite que
je vous conseille de garder pour en prévenir les dangereuses suites :

I. Donnez à Dieu ce qu'il vous demande; et pour le connaître, sondez bien votre cœur, et voyez à quoi Dieu vous pousse
le plus par les inspirations, et ce que vous
croyez qu'il désire de vous.

II. Retranchez absolument tout ce que
vous pourrez remarquer qui lui déplaise.
Je connais un serviteur de Dieu, lequel,
sitôt qu'il faisait une certaine action, ne
manquait presque jamais d'être assailli de
peines, et quelquefois avec tant de violence, qu'il lui fallait cesser tout court

malgré lui ; et sur cela sa peine cessait. Ce n'est pas que cette action fût mauvaise : elle eût été dans un autre un acte de vertu ; mais Dieu ne demandait pas cela de lui, et le faisant par amour-propre, Dieu voulait témoigner que cela lui déplaisait.

III. Donnez-vous de garde de la mélancolie : elle est comme la nourrice de ces sortes de peines, et la tanière des démons, où ils font leur séjour ordinaire. Conservez-vous dans une constante égalité d'humeur ; et quand vous vous sentirez accablée de tristesse, divertissez-vous à quelque occupation extérieure qui puisse récréer innocemment votre esprit sans le dissiper.

IV. Je sais quelqu'un qui, dans cet état de peines, se mit à s'étudier uniquement à la pureté de cœur, à se donner aux œuvres de charité, et à marcher tête baissée dans le service de Dieu, sans s'amuser à ses peines. Par ce moyen il se trouva merveilleusement soulagé ; et bien que de fois à autres il sentît encore vivement ses peines, elles lui étaient ôtées par des sentiments d'amour de Dieu, qui lui remplissaient le cœur de tant de douceur et de force, qu'à la fin ses peines devinrent ses délices. La même chose vous arrivera infailliblement, si vous avez le même courage et la même fidélité.

Prononcez tout de bon à toutes ces vaines satisfactions que vous recherchez dans la conversation et l'entretien des créatu-res. C'est ce qui fomente vos peines ; et si Dieu vous traite selon les lois ordinaires de sa providence, vos peines dureront pour le moins autant que ces légères, mais dangereuses imperfections. Voilà le point capital sur lequel vous devez m'écrire, et je souhaite que vous m'en rendiez un compte exact. Tous les remèdes sans celui-ci sont inutiles. Il faut ôter les amusements qui ont excité l'orage dont votre âme est agitée.

Enfin, affermissez-vous dans une charité généreuse et désintéressée, sans aucun retour sur vous-même. Rien n'est plus doux à ceux qui aiment véritablement Dieu, que de le servir sans se mettre en peine de connaître leur état, ni de savoir si leurs services lui sont agréables. La privation de cette assurance, quand on en fait un sacrifice à Dieu, est un heureux état où l'amour pur se pratique excellemment.

XXVI. LETTRE.

A LA MÊME.

Sur le même sujet.

Bon courage, et confiance dans l'amour
de l'ami fidèle·qui aime toujours, et n'a-
bandonne jamais que ceux qui l'abandonnent eux-mêmes les premiers.

Je sais une personne qui, ayant souffert
trois ans entiers des travaux semblables
aux vôtres, est enfin depuis quelques mois
dans une paix et une ferveur admirables. Je
veux vous·marquer ici pour votre cons o-
lation, quelque chose de ce qu'il m'écrivit
dernièrement.

« Je me suis vu, dit-il, l'espace de trois
« ans et demi en de continuelles tentations
« de blasphème, d'hérésie, d'infidélité, de
« scrupules, de désespoir, d'aversion et
« d'horreur pour les choses les plus sain-
« tes de notre religion. De sorte que j'ai
« passé les quatre et les cinq nuits entières
« et successives sans dormir, le corps
« tout trempé de la sueur que me causait
« l'effort que je faisais pour résister à la
« tentation, de crainte d'y succomber. »

Vous voyez une partie de ses peines.

Voici l'heureux changement que la grâce
à fait en lui.

« Depuis le quatrième de mai de cette
« année 1642, ajoute-t-il, vers les neuf
« heures du matin, au sortir de l'autel,
« mon cœur fut pris d'une manière qui ne
« se peut dire. Je ne faisais incessamment
« que soupirer. J'étais à table, en conver-
« sation dans les compagnies, comme si
« je n'y eusse pas été, sans sentiment de
« tout ce qui s'y passait. Il fallait que je
« me contraignisse beaucoup pour retenir
« mes larmes. En quelle solitude n'eussé-
« je pas voulu être alors ? Cela me dura six
« heurés. Un des jours de la Pentecôte, un
« tressaillement de cœur me saisit avec
« tant de violence, que je croyais que mon
« cœur s'allait fendre. L'après-dînée la
« même chose m'arriva, de sorte que je
« fus plus d'un quart d'heure sans pouvoir
« parler, ni presque me mouvoir, etc. »
Écoutez maintenant comment ses peines
ont pris fin.

« Un de vos Pères, dit-il, me conseilla,
« dans l'excès de mes peines, de n'en point
« désirer avec empressement la délivrance,
« mais plutôt de m'abandonner entière-
« ment à la volonté de Dieu. Depuis que
« j'ai mis mon cœur dans la résignation,
« mes peines ont cessé. »

XXVII. LETTRE.

A LA MÊME.

Il lui donne divers avis sur les peines, et particulièrement sur la tentation d'impureté dont elle était travaillée.

Soyez généreuse et constante, ma chère
Sœur, et ne faites pas votre mal plus grand
qu'il n'est. Dieu, qui permet à l'ennemi de
vous tenter, mesure la tentation, et la
proportionne à vos forces. Elle est moindre que le secours qu'il vous donne.

C'est de cette manière qu'il met à l'é-
preuve la fidélité des âmes qu'il chérit. Jamais il ne vous a encore marqué plus évidemment son amour. Ne voyez-vous pas
qu'il combat avec vous, et que ces peines
intérieures qui vous travaillent, sont une
contre-batterie qu'il oppose aux attaques
de la concupiscence. Il en use souvent de
la sorte dans cette guerre intestine que la
chair fait à l'esprit. Il envoie au secours de
celui-ci les scrupules et les remords de
conscience, les sécheresses, le dégoût,
l'ennui, les violentes impressions de crainte, les pensées de blasphème, d'infidélité,
de désespoir, les persécutions, les maladies, et tout cela fait une diversion, et re-

pousse les pensées molles et les délecta-
tions sensuelles. Ainsi, ma chère Sœur,
profitez du renfort que Dieu vous envoie,
et regardez toutes ces peines dont votre
esprit est assiégé, comme des troupes auxi-
liaires qui doivent vous aider à remporter
la victoire sur les ennemis de la pureté.

Mais voyez si vous ne leur donnez point
occasion de vous attaquer. Car ces sortes
de tentations viennent assez souvent de
notre peu de soumission à l'obéissance,
de notre peu de fidélité aux mouvements
de la grâce, ou de quelque faute habituelle
que nous négligeons de corriger. Et dans
ces occasions, Dieu, voyant que notre esprit
ne veut pas se soumettre à sa conduite
intérieure, ou à celle des personnes qui
nous tiennent sa place, il permet justement
que la chair se révolte contre l'esprit.

Ainsi je vous conseille de donner à Dieu
tout ce qu'il vous demande, et d'examiner
sérieusement si vous ne lui refusez rien,
si vous êtes exacte à suivre toutes les inspirations divines, si vous ne manquez en
rien à l'obéissance, si vous n'entretenez
pas volontairement quelque défaut. Voyez
si vous aimez la mortification, si vous pratiquez l'abstinence, si vous ne cherchez
point vos aises et vos commodités, si vous
ne vous occupez point trop du soin de
votre santé? N'êtes-vous point dans de petites intrigues? N'usez-vous point quelque-

fois d'artifice et de déguisement? La curiosité et le libertinage n'ont-ils plus d'empire sur votre esprit? Ne donnez-vous point de prise à la vanité? Ne désirez-vous point l'estime des hommes? N'avez-vous point quelque secrète complaisance pour vous-même? Ne vous liez-vous pas plus volontiers avec celles d'entre vos Sœurs qui ont le plus d'esprit, et ne vous éloignez-vous pas de la conversation des plus simples et des plus grossières? Si vous pouvez découvrir que vous soyez sujette à quelqu'un de ces défauts, c'est par là qu'il faut commencer le combat.

Les autres armes dont vous pouvez vous servir utilement, sont :

I. La présence de Dieu. J'estime que rien n'est plus efficace pour nous soutenir et nous fortifier, que d'élever souvent l'esprit et le cœur à Dieu. Car par ce moyen il se fait en l'âme comme un regard passif, par lequel elle se voit réciproquement regardée et chérie de Dieu. Et qui pourrait être lâche, en considérant qu'il combat aux yeux de son Dieu?

II. Les fréquentes visites du saint sacrement, l'invocation fréquente de la sainte Vierge, de saint Joseph, de votre ange gardien, et quelques neuvaines en leur honneur. Adressez-vous à eux avec confiance, et dites-leur que celui qui vous dirige par leur ordre, vous envoie à eux pour leur demander du secours. Faites cela dans un esprit de sainte simplicité. Je sais quantité de bonnes âmes qui, en ayant usé de la sorte par l'avis de leurs directeurs, s'en sont très-bien trouvées.

III. Une soigneuse vigilance à garder votre cœur, à tenir les portes de vos sens bien fermées, à rejeter d'abord les premières idées du mal, et à étouffer les amorces du péché dès qu'elles paraissent. Toutes les réflexions en cette matière sont dangereuses.

Voici quelques maximes importantes pour votre instruction. Mettez-les dans votre mémoire pour vous en souvenir dans les occasions.

I. Ni les pensées mauvaises, ni les mouvements déréglés, ni rien de ce qui se passe d'impur dans le corps n'est péché mortel que quand on y prend plaisir de propos délibéré, ou qu'on se le procure par un motif de plaisir.

II. Faire en faveur de la tentation quelque chose qui cause un plaisir que l'on accepte volontairement, c'est un péché mortel.

III. Plus l'attaque est forte, plus la résistance doit être vigoureuse. Il est dangereux d'agir mollement avec un ennemi puissant qui nous combat sans relâche.

IV. On peut résister à la tentation de deux manières, ou en faisant que l'esprit en conçoive du déplaisir avec effort pour s'en défaire, ou en divertissant l'esprit ailleurs, et lui donnant le change.

V. Une personne qui a la conscience timorée, et qui est dans de grandes tentations où elle craint d'avoir péché, sans pourtant en être assurée, se peut confesser de cette sorte. Elle explique l'espèce de tentation, et ajoute qu'elle s'accuse de la faute qu'elle y peut avoir commise sans le savoir, du consentement qu'elle peut y avoir donné sans s'en apercevoir. Dans ces sortes d'occasions, quand on a une fois exposé à son confesseur l'état de son âme, cette manière d'accusation conditionnelle est suffisante, puisqu'on ne peut rien dire de certain.

XXVIII. LETTRE.

A UNE RELIGIEUSE URSULINE.

Il l'instruit de la manière de se conduire dans les peines surnaturelles par lesquelles Dieu commençait à l'éprouver.

La dernière fois que je vous vis, je m'étonnai que Notre-Seigneur ne vous menât point encore par la voie des mortifications surnaturelles. Mais, grâces à sa miséricorde, vous y voilà entrée. Bon courage, ma très-chère Sœur ; Dieu ne vous avait point encore donné de gage plus sensible de son amour , ni d'assurance plus certaine du dessein qu'il a de vous conduire à la perfection, que maintenant qu'il commence à vous sevrer , vous retirant de la mamelle , et vous ôtant le lait dont il vous a nourrie jusqu'à présent. Car c'est là la comparaison la plus juste dont on se puisse servir pour exprimer vos soustractions de grâces et de goûts sensibles, vos aridités et vos peines.

Le service que vous rendez à Dieu dans cet état pénible, est bien plus pur et plus désintéressé. Les sentiments que cet état inspire, et la vie que l'on y mène sont bien plus conformes à Jésus-Christ crucifié. Comme c'est sur la croix qu'il a accompli l'œuvre de notre salut, dans le plus grand délaissement qui fût jamais, il veut que la plus grande coopération que nous puissions apporter à notre salut, soit dans la participation de sa croix et de ses souffrances.

Reconnaissez donc humblement la grâce qu'il vous fait, et souvenez-vous des avis que je vais vous donner :

1. C'est le mieux d'attribuer à vos péchés et à vos imperfections cet état de délaissement. 2. Vous devez être patiente et constante à souffrir tout comme de la main de Dieu, dont la providence vous est fort

favorable. 3. Tenez pour certain que vous n'êtes jamais mieux que quand vos peines sont plus cuisantes et plus amères; car alors elles purgent plus efficacement votre âme, et c'est ce que vous devez souhaiter. 4. Évitez les scrupules qui vous pourraient venir sur vos confessions, et n'en faites point de générale : cela vous nuirait plus que vous ne sauriez penser. 5. Comme les enfants sevrés ne font que pleurer, sont chagrins et incommodes, et s'offensent de la moindre chose, prenez garde que vous ne soyez de même : veillez sur votre humeur, et soutenez votre esprit par la douceur et la charité, qui auront d'autant plus de mérite devant Dieu dans cet état, que la grâce y aura bien plus de part que la nature. 6. Ne pensez ni à votre salut, ni à votre perte. Ces pensées là, dans l'état où vous êtes, sont des détours de l'amour-propre qui cherche à se contenter. Ne pensez qu'à plaire à Dieu, et laissez-le disposer de vous pour le temps et pour l'éternité, sans vous mettre en peine d'autre chose que de le servir. Il y a plaisir d'abandonner tout entre les mains de Dieu, et de lui résigner même le soin de notre salut, pour lui rendre ensuite un service plus désintéressé, et l'aimer d'un amour plus pur. 7. Assurez-vous que c'est maintenant que Notre-Seigneur met la main à l'œuvre de votre avancement spirituel. C'est pourquoi perdez volontiers tout, lumières, goûts, sentiments de dévotion, repos de conscience, et les autres secours dont nous abusons en tant de manières, que Dieu est obligé de nous en dépouiller : non qu'il nous les ôte véritablement ; mais il les retire des sens, et les cache à nos yeux pour un temps.

Oh! que je verrais volontiers votre âme dénuée de tout, dans le dernier abandon, sans appui et sans assurance, n'ayant devant les yeux que des horreurs, ne découvrant que des abîmes, ne sentant que des croix, plongée dans l'ennui et dans la douleur, ne goûtant que du fiel et de l'amertume, et avec tout cela généreuse et affermie dans cet amour liant qui accompagne d'ordinaire ces sortes d'états! On l'appelle liant, d'autant que dans ces agonies de la mort des sens, dans cette affreuse solitude de l'esprit, parmi les ténèbres et les froideurs, et les désespoirs de cette espèce d'enfer, bien que cet amour ne paraisse presque point, il lie néanmoins l'âme à Dieu d'une manière imperceptible, mais par une liaison bien plus forte que n'est ordinairement celle qui est fondée sur les douceurs et les grâces sensibles.

XXIX. LETTRE.

A LA MÊME.

Sur le même sujet.

Je rends grâces à Notre-Seigneur de plusieurs grands biens que je vois qu'il vous fait.

I. C'est un grand bien que de savoir par expérience qu'il y a dans notre âme un fonds intérieur, où pendant que la guerre et le trouble sont dans les puissances, nous pouvons conserver la paix, et demeurer constamment avec Dieu qui fait là sa principale résidence. C'est aussi là que nous devons nous retirer, et ce doit être là notre citadelle, quand les ennemis qui nous assiègent se sont emparés des dehors. Heureuse l'âme qui peut s'établir dans ce retranchement intérieur, sans en sortir jamais, ni pour le tracas des occupations extérieures, ni pour la recherche des plaisirs des sens, ni pour la violence des peines qu'elle souffre.

II. C'est encore un grand bonheur que les lumières que Notre - Seigneur vous donne soient efficaces, et que vous persuadant le bien, elles vous le fassent faire. Cela montre que Dieu est dans votre âme, et qu'il va s'en rendre le maître. Il faut que de votre part vous lui soyez fidèle et reconnaissante, vous abaissant toujours sous ses dons, et vous estimant plus vile que les vermisseaux, qui n'ont jamais offensé Dieu, ni mal usé de leur être.

III. C'est une grande grâce que de ne sentir que du dégoût pour toutes les créatures : car elles sont les piéges et les filets dont notre ennemi se sert pour nous perdre; et nous ne devons jamais les envisager sans nous souvenir de la malédiction qu'elles ont encourue pour avoir tant de fois contribué à offenser leur Créateur. Je vous recommande seulement que ce dégoût des créatures soit assaisonné de l'amour de Dieu ; car, sans cet assaisonnement, il serait à craindre que le naturel ne s'y mêlât. Or, partout où le naturel se mêle, il y porte la corruption. C'est le poison de la vertu. Des parties qui composent le vieil homme, c'est la première qui reçoit la vie, et la dernière qui la perd. C'est pourquoi il faut absolument mortifier notre humeur, et rien n'est plus souhaitable que cette mort, d'où dépend la perfection de la vie de la grâce.

Pour ce qui est des distractions, vous ne devez pas vous en inquiéter. Que sommes-nous nous autres ? Nous croyons-nous incapables de ces faiblesses ? Reconnaissons humblement que nous n'avons encore fait qu'offenser Dieu, et que nous pouvons encore faire pis à l'avenir, comme il est arrivé à tant d'autres qui étaient incomparablement plus avancés que nous. C'est l'amour-propre qui nous fait souhaiter de réussir en tout. Mais encore une fois, humilions-nous dans nos faiblesses, et regardons toujours comme une tentation la pensée qui nous veut faire croire que nous sommes capables de bien faire quoi que ce soit. Le remède de vos distractions est de vous retirer du tumulte des puissances dans le fonds intérieur, dont je viens de vous parler, et là offrir au Père éternel les délaissements et les agonies de Jésus-Christ, et adorer cette adhérence perpétuelle et inviolable que l'âme sainte du Fils de Dieu a eue à la conduite, aux volontés et à l'essence de Dieu son Père. Nous avons droit d'emprunter de notre Sauveur tout ce qui nous manque, et nous ne pouvons mieux suppléer à nos défauts, ni réparer nos péchés, qu'en présentant à Dieu les vertus et les perfections de son Fils contraires à nos vices.

Ne vous étonnez point de ne connaître rien de bon dans votre état. On peut aimer parfaitement Dieu sans savoir qu'on l'aime. L'amour caché, fort et constant est un précieux trésor. Mon Dieu ! ma chère Sœur, quel avantage que de faire le bien sans attrait et sans sentiment, dans la pureté de l'esprit!

***

XXX. LETTRE.

A LA MÊME.

Il lui apprend à discerner quand les peines intérieures sont une épreuve ou un châtiment.

Vous désirez connaître comment l'âme peut distinguer si l'état de langueur et de dégoût où elle se trouve, est une punition de ses péchés, ou une épreuve de sa fidélité. Voici la règle sur laquelle l'on en peut juger.

Si l'âme commet beaucoup de fautes de propos délibéré; si elle fait peu de cas des petites fautes; si elle donne à ses sens et à son esprit la liberté de chercher leur propre satisfaction; si elle se permet de se répandre au dehors sur les objets qui se présentent; si elle néglige son avancement spirituel; si elle ne se met pas en peine de se vaincre et de mortifier ses passions, elle peut juger que l'état où elle se trouve est la punition de ces déréglements; et par conséquent l'unique remède de ses peines est d'en retrancher la cause, en corrigeant ses défauts.

Mais si elle ne fait presque point de fau-

tes que par surprise et par fragilité : si
elle ne reconnaît point en elle les déréglements que je viens de marquer, mais seulement un ennui et un dégoût de toutes
choses, une obscurité d'esprit, une sécheresse de cœur, une tristesse, une inquiétude, et d'autres semblables peines intérieures dont elle ne peut découvrir la cause ;
si ces peines cessent de temps en temps,
et lui donnent quelque relâche, étant sou-
dainement dissipées comme par un éclair
de lumière et de ferveur ; si parmi ces peines elle conserve toujours la volonté d'être
toute à Dieu, en quelque état qu'il la met-
te, et si dans cet état de peines elle ne fait
pas plus de fautes qu'à l'ordinaire, qu'elle
s'assure que cet état est une épreuve de
Dieu, et une sorte de mortification surnaturelle que Dieu envoie, et qu'il ôte comme
il lui plaît. En un mot, c'est l'état le plus
sûr et le plus heureux où elle puisse souhaiter d'être. Cette épreuve et cette purgation de l'esprit est très-amère pour les
sens, mais elle est très-utile et nécessaire à
l'âme.

Faites-en un bon usage, ma chère Sœur,
la supportant avec patience, et vous en
recueillerez bientôt les fruits avec joie.

XXXI. LETTRE.

A UNE RELIGIEUSE URSULINE.

Il lui recommande d'avoir une égale disposition d'esprit dans les divers états où elle se trouve, et de suivre exactement les vues que Dieu lui donne.

Vous vous étonnez trop des changements de disposition qui vous arrivent. Il faut vous élever au-dessus de tout cela, et en quelque état que vous vous trouviez, être toujours la même.

L'esprit est au-dessus de tous les états, quand il en distingue peu les vicissitudes, ne s'amusant ni à les remarquer, ni à y faire des réflexions, mais se tenant également uni à Dieu dans toute sorte d'états, n'y envisageant que les desseins de Dieu. Dans l'obscurité de la foi où nous vivons, les conduites de Dieu sont pour nous un mystère caché; mais quoique elles nous soient impénétrables, nous les devons toujours adorer, nous les devons aimer et nous y attacher par une entière soumission à sa volonté, ou plutôt par une espèce de transformation de notre volonté en la sienne. Il fait en nous le jour et la nuit, l'hiver et l'été, comme il lui plaît; et tous ces changements tendent à notre bien et à sa gloire.

Il nous importe extrêmement de connaître combien l'exactitude de l'esprit de Dieu est grande, et la pureté de ses voies inconcevable. Les vues qu'il nous donne de nos fautes, nous obligent de nous en désister à l'instant et de ne pas passer outre.

Nous remarquions que le père Louis Lallemant se taisait quelquefois tout court pour obéir à la lumière qui lui montrait quelque imperfection en ce qu'il avait commencé de dire. La bienheureuse Marie de l'Incarnation, si connue sous le nom de mademoiselle Acarie avant qu'elle fût carmélite, faisait la même chose.

Ces sortes d'illustrations sont des écoulements de la lumière incréée qui réside en nos âmes, et qui seule a droit de nous conduire. Nous sommes obligés de les estimer infiniment et de les suivre avec la dernière exactitude. Or, quoique nous les devions suivre en toute occasion, soit qu'elles nous montrent le bien qu'il faut faire, et les actions particulières de vertu que nous devons pratiquer, soit qu'elles nous fassent voir le mal qu'il faut fuir, et les fautes actuelles que nous devons éviter, elles demandent néanmoins de nous une bien plus grande fidélité, lorsqu'elles nous découvrent les mauvaises habitudes dont il faut nous défaire, et les passions que nous devons mortifier. Car ce sont là les principes funestes de tous nos désordres, et les principaux empêchements de notre progrès spirituel. Ainsi, ma chère Sœur, respectez beaucoup toutes les vues que Dieu vous donne pour accomplir ses desseins, et marchez constamment sous la conduite de la lumière qui vous marque tous les pas que vous devez faire dans les voies de la perfection. Plutôt mourir que de manquer jamais à la suivre.

XXXII. LETTRE.

A LA MÊME.

Il l'exhorte à correspondre aux grandes grâces qu'elle recevait, à s'humilier et à se tenir toujours dans une simple attention à Dieu.

Il semble que les grâces sont dans leur dernière perfection, lorsqu'elles donnent à l'âme comme un nouvel être surnaturel, demeurant en elle comme de nouveaux principes, ou de nouvelles facultés qui la font agir d'une manière extraordinaire et toute divine.

Il est aisé de juger quelle reconnaissance et quelle fidélité elles demandent dans cet état sublime, puisque dans le moindre degré elles nous doivent être infiniment précieuses par la considération de celui qui nous les a acquises, du prix qu'il

a donné pour nous les acquérir, et de la
fin pour laquelle il nous les communique.
C'est le fils de Dieu qui nous les a méri-
tées. Il n'y en a pas une qui ne lui ait
coûté la vie. Nous étions distinctement
présents à son esprit, dès qu'il nous les
achetait au prix de son sang. Dès lors il
nous destinait dans sa pensée toutes celles
qu'il verse en nous à présent comme chef
dans ses membres; et c'est par une bien-
veillance spéciale qu'il nous en fait lui-
même l'application, dans le dessein qu'elles
opèrent notre salut et notre sanctification.
En quoi il nous préfère à des millions
d'âmes qui n'ont pas la même part que
nous à ses largesses. Que si dans ses vues
les moindres grâces sont si chères à ceux
qui aiment tendrement Notre-Seigneur,
quelle estime et quel usage ne devons-
nous point faire de ces grâces extraordinaires que nous recevons souvent, et surtout de cette sublime grâce d'une continuelle présence de Dieu, et d'une intime
union avec lui ? Voir Dieu en toutes choses, et toutes choses en Dieu; traiter familièrement avec Dieu dans l'embarras
même des occupations extérieures; ne
chercher et ne trouver de plaisir et de satisfaction qu'en Dieu; n'être touché que
de l'intérêt de Dieu; recevoir tout de la
main de Dieu, c'est le paradis de ce monde.

Mais il faut s'humilier, ma chère Sœur,

et vous souvenir qu'après tout vous êtes celle qui s'est vue autrefois dans un état bien différent de celui-ci, et qui peut-être à l'avenir serait encore pis, si la main de Dieu ne la soutenait. Soyez donc solidement humble. Quelque faveur que Notre-Seigneur vous fasse, tenez-vous toujours devant lui dans un profond anéantissement, ne vous appuyant point par une présomption téméraire sur ses dons, n'y prenant nulle complaisance, et n'en faisant point d'autre usage que de les rapporter uniquement à son service et à sa gloire, de la manière la plus simple et la plus désintéressée qu'il vous sera possible. Autrement vous ferez de votre élévation votre ruine.

Pour les emplois extérieurs qui sont d'obligation, il faut y donner autant d'attention qu'il est nécessaire pour s'en bien acquitter. Ce serait une illusion que de ne s'y pas assez appliquer sous prétexte de recueillement intérieur. Le vrai recueillement ne nous empêche point de bien faire nos actions extérieures, il aide plutôt, et il ne nous rend abstraits qu'à l'égard de ce qui n'est point de notre devoir.

Cette manière simple de se tenir et d'agir en la présence de Dieu, et cette union, ou, pour mieux dire, cette unité d'esprit avec Dieu est une excellente opération dont il est lui-même l'auteur, et ne demande de notre part qu'une constante égalité d'esprit.

Il faut qu'une âme soit bien purifiée pour reconnaître en elle cette immensité, qui répond en quelque manière à celle de Dieu, ne pouvant être remplie que de Dieu. Nous ne la connaissons presque point. Elle est au fond de notre âme, et nous ne pénétrons guère jusque-là : nous sommes trop occupés au dehors.

XXXIII. LETTRE.

A UNE RELIGIEUSE URSULINE.

Sur ce qu'elle commençait à entrer dans les voies surnaturelles, il lui donne divers avis.

Une âme que Dieu met dans la disposition que vous m'avez marquée, doit garder la conduite que je vais vous donner.

I. Quand vous rendez compte de votre état, dites-en sincèrement tout le bien et tout le mal. Autrement on ne peut vous aider que par hasard.

II. Ne vous attachez nullement à vos pratiques du temps passé, qui vous ont été autrefois utiles, mais qui vous seraient à présent nuisibles. Ne vous forcez point à faire divers actes, quand vous vous trouvez comme dans l'impuissance de les produire, et ne faites point de violence à l'attrait intérieur. Abandonnez-vous-y plutôt librement, et laissez-vous en la disposition de l'esprit de Dieu, qui veut vous posséder pleinement sans souffrir que vous l'assujettissiez à des conduites méthodiques, hormis celles qui sont d'obligation et que l'obéissance vous prescrit.

III. Si l'ennemi voit que vous fassiez cas des connaissances sublimes, des pensées affectueuses, des goûts et des tendresses de dévotion, et des autres grâces sensibles; il ne manquera pas de les feindre, et de vous en donner les sentiments en abondance. Surtout lorsque Dieu opérera en vous hors des sens, dans le pur esprit, il usera de cet artifice pour vous attirer de l'esprit aux sens, et vous faire prendre le change au grand préjudice de votre âme.

IV. Plus vous serez dans les ténèbres, dans le dégoût, dans les peines et dans l'incertitude même de votre état, et comme dans la certitude apparente de votre perte, vous en serez d'autant mieux, pourvu que d'ailleurs vous soyez fidèle et patiente.

V. Souvent, dans l'oraison et dans le cours de la journée, ne pouvant vous occuper d'aucune bonne pensée, ni exciter dans votre cœur aucun sentiment de dévotion, parce que Dieu, pour votre plus grand bien, mettra les sens dans le vide ; vous vous imaginerez que vous perdez le temps, que vous êtes dans l'illusion et que l'on vous trompe. Persuadez-vous que c'est alors d'ordinaire que Dieu opère le plus dans l'âme. Contentez-vous de ce que Dieu vous donne de dévotion, et n'en cherchez pas davantage. Quand l'âme ne peut faire aucun exercice de ses puissances, la résignation à la volonté de Dieu et la soumission à son esprit valent mieux que toute autre diligence humaine.

XXXIV. LETTRE.

A UNE RELIGIEUSE URSULINE.

Il l'instruit des devoirs d'une âme que Dieu comble de grâces.

L'ABONDANCE des grâces que vous me marquez recevoir de Dieu, vous oblige, ce me semble, à trois principaux devoirs.

Le premier est une profonde humilité. Soyez comme les bons arbres, qui s'abaissent d'autant plus qu'ils sont chargés de fruit ; et n'oubliez jamais qui vous êtes, ni qui vous avez été, une pauvre fille fort faible et fort ignorante : une créature des plus ingrates et des plus criminelles du monde.

Le second, une grande fidélité à coopérer avec Dieu, à lui rendre les fruits de ses grâces, et à produire des effets de vos bonnes résolutions.

Le troisième, une extrême reconnaissance pour les biens que Notre-Seigneur vous communique.

Hélas ! tout ce que nous pouvons faire pour Dieu est si peu de chose ! Toute la fidélité, la coopération, la diligence et la ferveur que nous pouvons apporter à son service, sont si peu considérables à ses yeux ! Au contraire, notre négligence, nos infidélités, nos lachetés, nos défauts, nos crimes pèsent si fort au poids du Sanctuaire, que cela n'est pas concevable ! De sorte que de nous-mêmes, nous ne devrions nous porter à rien plus ordinairement qu'à la honte et à la confusion de nos misères, et à la contrition de nos fautes.

Demandez souvent à Dieu la grâce d'une humble reconnaissance, d'un fidèle usage de ses dons, et d'une exacte coopération à ses desseins.

Je crois bien que vous ne voyez point de danger, et que vous ne sentez pas en vous de faiblesse dans l'occasion dont vous me parlez ; mais vous ne devez pas moins pour cela vous tenir toujours sur la défiance. Nous avons un fond inépuisable de péchés et de corruption. Et comme il arrive que des personnes qui mourront

dans un mois, ne sentent encore rien du
mal qu'elles nourrissent en elles-mêmes et
qui leur ôtera la vie, de même, en quelque état que nous soyons, si Dieu ne
nous assiste de sa grâce, nous avons au
dedans de nous-mêmes des semences fa-
tales de notre perte, qui ne paraissent
point à présent, mais qui ne laisseront
peut-être pas un jour de produire leurs
funestes effets.

XXXV. LETTRE.

A UNE RELIGIEUSÉ URSULINE CONTINUÉE DANS LA CHARGE DE SUPÉRIEURE.

Il lui donne d'excellents avis sur les devoirs des
Supérieures.

Je bénis Dieu des sentiments de résigna-
gnation et de patience que je vois qu'il
vous a donnés. Rendez une visite à Notre-Seigneur devant le saint sacrement ; et
dans un profond anéantissement d'esprit
en sa présence, examinez les fautes de votre gouvernement passé.

Voyez si vous n'avez point agi avec
trop d'empressement ; si vous ne vous êtes
point troublée par les fautes de vos Sœurs ;
si vous ne leur avez point donné de mécontentement par votre faute ; si votre zèle

n'a pas eu plus d'aigreur et de colère que de compassion et de douceur ; si vous avez fait paraître de l'emportement en quelque occasion ; si dans votre conduite vous vous êtes comportée comme une personne qui traite des affaires et des intérêts de Dieu en sa présence ; si vous n'avez point plus attendu de votre adresse et de votre vigilance, que de l'assistance de Notre-Seigneur.

Tenez la balance bien droite en tout ceci. Regardez Dieu en tout ce que vous commandez : rendez-vous dépendante de lui. Ne dites aux autres que ce que vous recevez du Saint-Esprit. Quand vous êtes obligée de reprendre quelqu'une de vos Sœurs, souvenez-vous qui vous êtes, et qui vous avez été autrefois. Prenez garde que la Supériorité n'entre dans votre esprit par ce qu'elle a qui flatte la nature. Ne vous estimez pas plus qu'avant que vous fussiez en charge : croyez seulement que vous êtes plus comptable et plus exposée que vous n'étiez auparavant. Il n'est pas concevable combien de filles perdent dans la Supériorité ce qu'elles avaient pu amasser de mérites avec bien de la peine pendant qu'elles étaient inférieures. Regardez-vous comme celle de la maison qui est la plus capable de gâter tout.

Abaissez plus que jamais vos sentiments ; tenez pour suspect tout ce qui vient de vous : ne faites point fonds sur vos talents et sur vos soins; appuyez-vous uniquement sur le secours de la grâce.

N'omettez rien de vos dévotions, ni de ce que Dieu vous a autrefois inspiré. Ménagez bien le temps, et n'en perdez aucun moment, s'il est possible. Soyez égale en tout temps; ne prenez point trop les choses à cœur, et rendez-vous indépendante des divers événements, sans souffrir qu'ils altèrent la disposition de votre cœur. Quand vous avez fait de votre côté ce que vous avez pu et ce que vous avez cru devoir faire, tenez-vous en repos, et abandonnez à la providence divine les succès, selon qu'il lui plaira d'en ordonner.

Si je voulais juger de votre conduite, je croirais que vous vous empressez un peu trop, soit pour les fautes qui arrivent ou qui peuvent arriver, soit pour les moyens de les prévenir et les empêcher. Quand vous voyez que quelque faute s'est commise, faites-en l'amende honorable à Dieu dans votre cœur, frappant votre poitrine, ou baisant la terre; et puis, si vous y pouvez remédier, demandez-en la grâce à Notre-Seigneur, et apportez-y ensuite le remède en son temps. Que si vous ne le pouvez faire, demeurez en repos, et donnez ordre, autant qu'il sera possible, qu'une pareille faute n'arrive plus. Je serais d'avis que vous fissiez toujours une partie de la pénitence de vos Sœurs avec discrétion, et selon la mesure de la sainte obéissance.

Il me paraît que dans l'occasion dont vous m'avez écrit, vous avez voulu empêcher un mal par un autre mal, je veux dire par un empressement et une trop grande chaleur pour le bien. Considérez comme Dieu agit à notre égard. Il fait de son côté ce que sa sagesse et son amour lui suggèrent en notre faveur : puis il nous laisse une pleine liberté de nous déterminer à faire le bien ou le mal. Voyez comment Notre-Seigneur agissait avec ses disciples. Il les instruisait et les exhortait selon les desseins éternels du conseil de Dieu : puis il les laissait en leur liberté sans s'empresser nullement pour ce qui devait arriver. Je crois que quand vous avez fait doucement et efficacement ce que vous avez dû faire, et que vous n'avez point manqué à cette fidélité et à cette diligence modérée que votre office exige, vous ne devez aucunement vous inquiéter des fautes qui se font. Vouloir trop bien faire nuit quelquefois : et il y a des esprits qui se fortifient dans le mal, quand ils voient qu'on s'oppose trop fortement à eux. Dans ces rencontres il faut avoir un cœur large, et attendre de Dieu le remède de ces sortes d'esprits, selon que la Providence en disposera. C'est pourquoi l'on dit communément qu'il vaut mieux alors traiter avec

Dieu qu'avec les hommes, et qu'on gagne plus sur les cœurs en s'adressant à celui qui les tient entre ses mains, et qui les tourne comme il lui plaît. Je voudrais vous voir agir en de pareilles occasions, non que je me persuade que vous voulussiez tout rompre et faire de l'éclat ; mais je crains que vous n'appréhendiez trop les fautes, et que vous ne soyez pas assez établie dans cette sérénité de cœur et de visage, et dans cette égalité d'esprit que les Supérieurs ne doivent jamais perdre.

Nous ne remarquions jamais aucun empressement dans le Père Louis Lallemant, bien qu'au commencement nous ne fussions pas tous également dociles et soumis à ses sentiments ; mais il nous charma tous par sa douceur et sa condescendance, et par une humilité si rare et si obligeante, qu'il n'y en avait pas un seul de nous qui n'avouât qu'il n'avait jamais vu un tel Supérieur. Enfin, avant trois mois, il avait absolument gagné tous les cœurs. En quelque temps qu'on l'abordât, vous eussiez dit qu'il n'avait rien à faire, que d'écouter ce qu'on lui voulait dire, quoiqu'il fût tellement occupé, que nous savons que le travail de trois ans dans son emploi de directeur du troisième an de noviciat, lui a coûté la vie. Jamais on ne voyait d'altération dans son visage ni dans sa voix ; et l'esprit de Dieu était si présent en tout ce qu'il disait et faisait, que nous en étions merveilleusement édifiés.

***

XXXVI. LETTRE.

A LA SOEUR LOUISE DE SAINT-STANISLAS, URSULINE DE PLOERMEL.

C'était une jeune religieuse d'un excellent esprit et d'une grande ferveur, qui dans le peu d'années qu'elle a vécu, est arrivée à une éminente perfection. Le Père lui donne divers avis pour sa conduite.

J'AI bien résolu de satisfaire à votre désir, et mettre par écrit mes petits sentiments touchant la conduite du Saint-Esprit ; mais je n'en ai encore pu trouver le loisir. Je le ferai le plutôt que je pourrai.

Cependant je vous dirai pour réponse à votre lettre, que plus vous entrerez dans les voies de l'esprit, plus ces délaissements seront rudes, pénibles, affligeants et fréquents. C'est pourquoi préparez-vous-y, et ne vous amusez pas à en rechercher la cause. Souffrez-les aveuglément et en silence.

Ne vous conduisez point par les sensibilités. En quelque disposition que vous vous sentiez, n'en faites jamais ni plus ni moins. Soyez toujours fidèle, exacte et contente de ce que Dieu vous donne. Lisez le 5., le 6. et le 7. chapitre de la 2. partie du livre *Des secrets Sentiers de l'Amour divin.*

L'un des plus grands moyens pour avancer et pour plaire à Dieu, est le silence et le recueillement intérieur et extérieur en la présence de Dieu. C'est ce que je vous recommande très-particulièrement. Sans cela il ne faut rien prétendre aux largesses du Saint-Esprit. C'est là l'unique prépation pour le recevoir, et la disposition nécessaire pour le conserver.

Le 6 juin 1646.

XXXVII. LETTRE.

A LA MÊME.

Il l'encourage dans les peines par lesquelles Dieu l'éprouvait.

Je bénis Dieu de ce qu'il vous éprouve pour vous purifier. Ce que vous me mandez de la disposition de votre âme, est le plus grand signe que le Saint-Esprit nous ait encore donné de sa présence, et le gage le plus assuré du bien qu'il vous veut faire. Vous voilà maintenant dans le grand chemin. Dieu se déclare en ôtant des sens ce qu'il vous y avait fait goûter de ses dons et de ses grâces. Je ne m'étonne pas tant de ce

9.

qu'il vous traite ainsi à présent, que de ce qu'il a tant tardé à le faire.

Le service qu'on rend à Dieu dans l'abondance des suavités et des consolations spirituelles, n'est pas fort considérable. Si la dévotion demeurait toujours dans les sentiments et dans la tendresse, elle serait molle et capable de peu de chose. Il faut qu'elle se fortifie et qu'elle s'enracine en l'âme par les sécheresses, les répugnances et les contrariétés. L'hiver n'est pas moins utile aux arbres que l'été, bien qu'il ne le semble pas.

Dieu vous envoie cet état : 1. Pour vous donner occasion de souffrir. 2. Pour vous apprendre à vous connaître. 3. Pour vous obliger à vous résigner perfaitement entre ses mains. 4. Pour vous fortifier. 5. Pour vous éprouver. 6. Pour couronner votre fidélité.

Gardez-vous bien de rien omettre de vos exercices ordinaires, de vous laisser aller à faire des fautes avec vue, et de vous décourager. Servez Dieu toujours également, en quelque disposition que vous vous trouviez de goût ou de dégoût.

C'est ordinairement dans ce temps de sécheresse et dans cet état de peines, que Dieu reconnaît les âmes qui sont capables de s'avancer dans la perfection.

Le 19 juillet 1646.

XXXVIII. LETTRE.

A LA MÊME.

.! lui donne divers avis pour l'établir dans la connaissance d'elle-même, et l'animer à la fidélité.

JE vous conjure, ma chère Sœur, de ne
pas vous arrêter dans un si beau chemin.
Je vois que tout est calme dans votre esprit. Rien ne vous traverse. Profitez de la
belle saison, et employez saintement un si
heureux temps. Il en viendra un autre où
vous aurez besoin de courage et de force :
préparez-vous-y bien.

Je suis absolument d'avis que vous vous
adressiez à votre mère Supérieure, pour
la prier de vous dire vos défauts, et ce
qu'elle désire de vous pour votre perfection. Dites-lui, si vous voulez, que c'est
par mon ordre que vous lui demandez
cette charité, et travaillez ensuite sérieusement sur ce qu'elle vous aura dit.

Outre cela, pour mieux connaître vos
fautes, examinez soigneusement toutes vos
actions de la journée, l'une après l'autre,
et tâchez de découvrir les faiblesses et les
imperfections qui s'y glissent. Appliquez-
vous ensuite à reconnaître les déréglements des sens et des puissances de l'âme

vous y trouverez de quoi vous occuper. Après cela voyez si vous êtes fidèle à vous corriger des fautes que vous remarquez dans vos examens, et des péchés dont vous vous accusez dans vos confessions; quel fruit vous tirez des sacrements et de vos oraisons; quelle préparation vous y apportez; comment vous vous surmontez dans les occasions; si vous commettez des fautes avec vue; si vous suivez toujours la voie la plus étroite, et si vous embrassez ce que vous jugez le plus parfait; avec quelle exactitude vous gardez vos règles; comment vous vous acquittez des emplois de l'obéissance et de vos autres devoirs; et avec quelle ferveur vous vous portez à faire la volonté de Dieu en toute occasion, autant que vous la pouvez connaître.

Toutes ces recherches, avec la direction de votre mère Supérieure, vous aideront à discerner sur quoi vous devez faire votre examen particulier.

Ce que je vous recommande par-dessus tout, c'est de prendre garde de tomber dans une certaine nonchalance et insensibilité à l'égard de vos fautes. Défiez-vous de vous-même, et ne vous appuyez nullement sur vos résolutions. Soyez grave, modeste, retenue, intérieure; marchez toujours en la présence de Dieu; rentrez souvent en vous-même pour considérer la situation de votre esprit; et veillez tellement sur vous, que rien ne vous échappe que vous ne l'ayez bien pesé et bien examiné. Enfin souvenez-vous des quatre points de votre écrit, et tâchez de faire croître vos forces intérieures, et de vous avancer toujours en esprit.

Le 3 août 1648.

XXXIX. LETTRE.

A LA MÊME.

Il lui donne quelques points de perfection à pratiquer.

Voici l'abrégé de ce que je vous dis dernièrement, et la tâche que je vous donne pour ces six mois :

I. Soyez fidèle à suivre l'esprit de Dieu avec la dernière exactitude. Ne retournez point sur vos pas, mais avancez toujours selon la mesure des grâces que Notre-Seigneur vous fera. N'omettez rien de vos devoirs avec intention. Aimez la constance dans la fidélité.

II. Proposez-vous d'être sans cesse en oraison, plus par une foi nue de la présence de Dieu, par un simple acquiescement à sa volonté, par un oubli et un dégagement général de toutes choses et de vous-même en la vue de Dieu, que par aucun acte, s'il ne **vous** est inspiré, ou par aucun effort qui pourrait vous nuire.

III. Tâchez, selon que Notre-Seigneur vous en fera la grâce, 1. de ne commettre aucune faute de propos délibéré ; 2. de choisir toujours ce que vous estimerez le plus parfait ; 3. d'accomplir la volonté de Dieu dans toutes les rencontres où il vous la fera connaître. Pratiquez tout ceci selon vos forces et selon la mesure de la grâce, et marquez par écrit vos fautes pour me les montrer.

Le 5 novembre 1648.

XL. LETTRE.

A LA MÊME.

Il lui donne divers avis pour sa conduite.

Sur tout ce que vous m'avez fait connaître jusqu'à présent des dispositions de votre âme, voici la conduite que je voudrais vous donner, afin que vous marchiez sûrement, et sans vous tromper, dans les voies de la perfection, où il se rencontre tant d'illusions.

I. Estimez toujours plus la voie des peines et des rigueurs de Dieu, que celle des grâces sensibles et des douceurs spirituelles, quand même vous y auriez

le ravissement de saint Paul. La première
est bien plus sûre, plus certaine et plus
efficace pour pénétrer et humilier l'esprit,
outre que l'ennemi y a sans comparaison
bien moins de prise, et que la nature y
est bien plus vaincue, plus soumise et plus
mortifiée. J'ai vu arriver dans l'autre de
grandes chutes et des changements sur-
prenants en plusieurs âmes, par l'abus
qu'elles faisaient des dons de Dieu ; mais
dans celle-ci je n'ai rien vu de semblable.
Je connais une personne en qui j'ai remarqué de grandes choses avant que Dieu
l'eût mise dans la voie de ses rigueurs.
Mais ces choses n'ont pas été de durée, et
sans doute cette personne ne les a pas
reçues de la manière qu'il les faut recevoir
pour en profiter. Un esprit qui n'a point
été dompté, purifié, éprouvé par les peines, réussit rarement dans la voie des
choses extraordinaires. J'avoue qu'il faut
recevoir de Dieu, en la manière qu'il lui
plaît de se communiquer, et que ce n'est
pas à nous à choisir le chemin pour aller
à lui ; mais de notre part nous devons toujours être plus disposés à marcher par la
voie des peines, des privations, du vide
et de la nudité d'esprit, et nous devons
juger qu'elle nous est la plus avantageuse.

II. Ne jugez point que rien de ce qui
se passe en vous vienne de Dieu, si vos
directeurs ne vous en assurent. Si cela

produit quelque bon effet, tâchez de le conserver et d'en être reconnaissante, y apportant de votre part toute la fidélité que vous pourrez ; mais ne jugez jamais de la chose : autrement il n'est pas moralement possible que l'ennemi ne vous trompe tôt ou tard. Gardez-vous bien d'en juger, quelque bon effet que cela vous apporte, et quelque ressemblance qu'il ait avec les grâces des Saints. N'estimez non plus en vous rien de grand, que votre ingratitude et votre infidélité. Croyez que votre âme n'est pas un sol propre à porter les grandes choses. Humiliez-vous en toute rencontre ; anéantissez-le plus que vous pourrez toute votre propre action, comme un obstacle à l'union divine, et portez votre esprit au dénûment de toute sorte de désirs, d'inclinations et d'affections, plus qu'à aucune autre pratique de dévotion.

III. Recevez avec une entière abnégation la part qu'il plaira à Dieu de vous donner en ses faveurs, ne vous arrêtant point à les goûter, ni à y faire des réflexions ; ne vous y appuyant point par une vaine confiance, mais en Dieu seul, que vous devez uniquement regarder en toutes choses, tout le reste n'étant qu'amusement et un pur néant.

IV. Vivez dans un grand abandon de vous même en Dieu, mettant en lui toutes vos pensées, tout votre amour, toute votre espérance, tout votre appui ; tâchant de n'agir que par son instinct, et par le mouvement de sa grâce; recourant à lui en toute occasion avec une confiance filiale, et vous assurant que lui seul vous protégera.

V. Ne soyez point affamée des dons de Dieu, mais de Dieu seul, renonçant à toute autre possession que la sienne, et tâchant de le posséder dans une parfaite pureté et pauvreté d'esprit.

VI. Persuadez-vous qu'entre tous les moyens créés qui peuvent conduire les âmes à la perfection, il n'y en a point de meilleur que ce simple acquiescement en Dieu, et cette simple attention à sa présence. Ainsi attachez-vous à ce saint exercice. Tenez-vous à Dieu seul, et tâchez de dépendre uniquement de lui. Il n'y a que fort peu de personnes qui sachent se dégager comme il faut de la multiplicité des moyens et des pratiques, n'en prendre que ce qui est juste, et se réduire à la simplicité qui met l'âme dans la prochaine disposition pour recevoir l'opération de Dieu.

Pour vous, ma chère Sœur, contentez-vous de Dieu seul, ne désirez que lui, et souffrez constamment et amoureusement toutes les privations de moyens, de grâces, d'occasions qu'il permettra qui vous arrivent, et croyez que son bon plaisir et le manque de tout vous valent mieux que l'abondance de tout.

VII. Enfin, je vous recommande la fidélité à suivre la grâce, la constance à pratiquer le bien, la persévérance à vous surmonter, la paix et l'égalité d'esprit dans toutes sortes d'accidents; et je prie Notre-Seigneur de vous donner ces vertus si précieuses et si nécessaires.

Le 27 juin 1647.

J'ajoute encore un mot de grande importance pour la paix de la conscience. C'est une maxime assurée, que toute personne qui n'est point dans l'habitude du péché, mais plutôt dans la détermination et même dans la possession de n'en commettre aucun de propos délibéré, ne se doit jamais mettre en peine pour les doutes et les perplexités de conscience qui lui peuvent venir, ou de son propre esprit, ou de l'esprit malin. Si elle n'est positivement certaine qu'elle a failli, elle ne se doit nullement condamner; mais demeurer dans la possession de son innocence, qu'elle ne doit jamais déposer que par la certitude du péché, après qu'elle a suffisamment examiné la chose qui peut la mettre en peine. Deux choses sont donc nécessaires pour maintenir l'âme en paix contre les doutes et les scrupules : la première, de ne point faire de fautes de propos délibéré;

la seconde, de ne point s'amuser aux doutes qui peuvent venir là-dessus, et de n'a-
gir que sur la certitude. Faute de suivre
ces deux avis, il ne se peut dire combien
le démon a troublé, et enfin perdu d'âmes,
qui d'ailleurs avaient beaucoup de bonne
volonté, mais qui recherchaient plus d'assurance dans leur voie que Dieu ne leur
en voulait donner. Cet empressement à
vouloir trop s'assurer, vient de l'amour
propre et de l'opiniâtreté à suivre son propre jugement. Gardez-vous bien de l'un et
de l'autre. Je recommande à vos prières
la mission que nous allons faire le Père
Huby et moi. Je ne serai de retour à Quimper que la première semaine du mois
d'août. Ecrivez-moi vers ce temps-là.

FIN.

TABLE.

LA VIE DU R. P. JEAN RIGOLEUC,
de la Compagnie de Jésus.

LETTRES SPIRITUELLES.

FIN DE LA TABLE.

CLICHY. — Impr. de Maurice Loignon et Cie, rue du Bac-d'Asnières, 12.